高等职业教育"互联网＋"新形态一体化系列教材
城市轨道交通类高素质技术技能型人才培养教材

城市轨道交通
客运服务礼仪

主 编 ◎ 余 莉 李 洁
副主编 ◎ 潘 利 胡小依 宋丽梅

华中科技大学出版社
http://www.hustp.com
中国·武汉

内 容 简 介

本书为高等职业教育"互联网+"新形态一体化教材。全书分为6个模块,包括城市轨道交通服务礼仪概述、形象礼仪、仪态礼仪、沟通礼仪、客运服务人员服务礼仪、列车司机和维修人员服务礼仪;26个实训工单,每个包括实训目标、实训所需基础知识、实训要求和评分标准4个部分。

本书可作为职业院校城市轨道交通专业教材,也可作为相关岗位培训或者自学教材,还可供城市轨道交通从业人员学习参考。

图书在版编目(CIP)数据

城市轨道交通客运服务礼仪/余莉,李洁主编. —武汉:华中科技大学出版社,2022.7
ISBN 978-7-5680-8529-8

Ⅰ.①城⋯ Ⅱ.①余⋯ ②李⋯ Ⅲ.①城市铁路-轨道交通-客运服务-礼仪-职业教育-教材
Ⅳ.①F530.9

中国版本图书馆 CIP 数据核字(2022)第 124746 号

城市轨道交通客运服务礼仪 余莉 李洁 主编
Chengshi Guidao Jiaotong Keyun Fuwu Liyi

策划编辑:	张 毅
责任编辑:	段亚萍
责任监印:	朱 玢
出版发行:	华中科技大学出版社(中国·武汉)
	武汉市东湖新技术开发区华工科技园
电 话:	(027)81321913
邮 编:	430223
录 排:	武汉创易图文工作室
印 刷:	武汉市籍缘印刷厂
开 本:	787mm×1092mm 1/16
印 张:	11
字 数:	278千字
版 次:	2022年7月第1版第1次印刷
定 价:	42.00元

本书若有印装质量问题,请向出版社营销中心调换
全国免费服务热线:400-6679-118 竭诚为您服务
版权所有 侵权必究

前言

随着经济的发展和社会文明程度的提升，人们对于服务的要求越来越高。城市轨道交通行业，是一个面向社会广大群体的服务行业，也是一个城市经济发展水平的体现，更是一个城市形象的窗口。因此，城市轨道交通服务人员需要掌握必备的服务礼仪知识，给乘客提供优质服务，提升企业和城市形象。

为了适应城市轨道交通服务发展的需求，本书在编写过程中，在参考以往优秀教材的基础上，组织了从教多年的优秀教师和地铁一线人员对大纲的制定、任务编排、内容选择进行了探讨。

本书在编写过程中，强调以能力培养为本位，教学内容与职业需求相结合。依据城市轨道交通人才培养需求，科学合理地组织课程教学内容。本书以城市轨道交通车站客运服务岗位的服务礼仪为主，同时结合轨道交通"站车一体化""运维一体化"的发展趋势，增加了司机岗位和维修岗位的服务礼仪知识。

本书分为6个模块，包括城市轨道交通服务礼仪概述、城市轨道交通服务人员形象礼仪、城市轨道交通服务人员仪态礼仪、城市轨道交通服务人员沟通礼仪、城市轨道交通客运服务人员服务礼仪、城市轨道交通列车司机和维修人员服务礼仪。每个模块由若干个任务组成，包括理论知识和实训任务，每个任务配有实训工单，实训工单中有详尽的实训安排和实训评分标准。本书的6个模块具有针对性和实用性，由易到难，使学生学有所用，最终掌握服务礼仪技能，提高城市轨道交通的服务质量。

本书由余莉（武汉铁路职业技术学院）、李洁（武汉铁路职业技术学院）担任主编，由潘利（武汉铁路职业技术学院）、胡小依（武汉铁路职业技术学院）、宋丽梅（杨凌职业技术学院）担任副主编。具体编写分工如下：模块1、模块3由余莉编写，模块2由李洁编写，模块4由胡小依编写，模块5由潘利编写，模块6由宋丽梅编写。全书由余莉、潘利统稿、定稿，李洁审阅全书。

本书在编写过程中，参考和引用了许多专家学者和其他同类书籍作者的文献、资料、教材，借鉴了多个城市轨道交通运营管理公司的官方媒体（微博、微信公众号等）资料，在此表示衷心的感谢。同时，特别感谢武汉铁路职业技术学院城市轨道交通运营管理专业优秀毕业生，深圳地铁员工李怡、王士豪，真人出镜，为本教材模块3提供了大量精美的仪态礼仪图片。

由于编者水平有限，书中难免存在疏漏之处，敬请广大读者批评指正。

编　者

2022年6月

目 录

模块 1　城市轨道交通服务礼仪概述 ·· 1
　任务 1　城市轨道交通服务礼仪的作用与基本原则 ································· 2
　任务 2　城市轨道交通服务人员服务意识培养 ······································· 8
　任务 3　城市轨道交通服务人员的基本礼仪素养 ··································· 13

模块 2　城市轨道交通服务人员形象礼仪 ·· 21
　任务 1　形象与气质 ··· 22
　任务 2　仪容、发型 ·· 25
　任务 3　城市轨道交通服务人员的妆容塑造 ·· 30
　任务 4　城市轨道交通服务人员的服饰礼仪 ·· 36

模块 3　城市轨道交通服务人员仪态礼仪 ·· 51
　任务 1　表情礼仪 ··· 52
　任务 2　站姿礼仪 ··· 59
　任务 3　坐姿礼仪 ··· 64
　任务 4　行姿礼仪 ··· 69
　任务 5　蹲姿礼仪 ··· 71
　任务 6　手势和鞠躬礼仪 ··· 73

模块 4　城市轨道交通服务人员沟通礼仪 ·· 89
　任务 1　会面礼仪 ··· 90
　任务 2　称呼礼仪 ··· 96
　任务 3　语言礼仪 ·· 100

模块 5　城市轨道交通客运服务人员服务礼仪 ···································· 111
　任务 1　值班站长服务礼仪 ··· 112
　任务 2　值班员服务礼仪 ··· 115
　任务 3　售票岗服务礼仪 ··· 119
　任务 4　厅巡岗服务礼仪 ··· 122

任务 5　站台岗服务礼仪 ………………………………………………… 126

模块 6　城市轨道交通列车司机和维修人员服务礼仪 ………………… 137

任务 1　城市轨道交通列车司机服务要求内容 ………………………… 138

任务 2　城市轨道交通列车司机服务礼仪基本要求 …………………… 149

任务 3　城市轨道交通维修人员服务礼仪 ……………………………… 156

参考文献 …………………………………………………………………… 168

模块 1　城市轨道交通服务礼仪概述

模块描述

本模块主要是帮助学生掌握服务礼仪的基本知识,掌握城市轨道交通服务人员礼仪的基本要求,培养良好的服务意识和职业素养。

教学目标

1. 思政目标

通过本模块的学习,帮助学生树立爱岗敬业的服务意识、以诚待人的服务理念。

2. 知识目标

掌握服务礼仪的作用和原则,掌握城市轨道交通的职业素养要求和培养方法,掌握服务意识的培养方法。

3. 能力目标

能学会礼仪素养的培养方法,在实际工作生活中应用服务礼仪。

4. 素质目标

树立良好的服务意识。

任务 1　城市轨道交通服务礼仪的作用与基本原则

任务导入

2019 年 12 月 3 日,湖北武汉,地铁中南路站,一名小学生在车站内徘徊,表情焦急。站务员发现后,立马上前询问情况,小学生说,自己的公交卡忘在家里了,也没有带现金,不能坐地铁回家了。站务员立即蹲下来细声安慰,并自己出钱,帮这名小学生买好车票,并送他进入闸机,进站乘车。在站务员眼中,这只是日常工作中的一件小事,没想到,这次体验给该学生及学生家长带来很大的感触。次日,该学生来到车站还钱,并赠送了写满 35 个"Thanks"的感谢信。

作为城市轨道交通的服务人员,怎么样才能更好地为乘客服务呢?上述案例中,站务员敏锐地发现乘客需求,并"蹲下来","细声安慰"小学生乘客,获得乘客赞许。这些不仅是服务意识的体现,也是服务礼仪的正确运用。那么服务礼仪是什么?

背景知识

一、服务概述

服务是为集体(或别人的)利益或为某种事业而工作,是指为他人做事,并使他人从中受益的一种有偿或无偿的活动,不以实物形式而以提供劳动的形式满足他人某种特殊需要。服务区别于"实物形式"的商品。服务的实施过程可以在为乘客提供的有形的产品上完成(如商场的导购服务),也可以在为乘客提供的无形的产品上完成(如城市轨道交通乘车服务)。服务的本质是被服务者通过服务受益。

1. 服务的特征

1) 无形性

服务的无形性是相较于有形的商品而言的,商品有形,可以通过触觉、视觉、味觉等去感受、比较、评价,但服务只能通过内心的感受、整体的感觉去评价。如地铁为乘客提供服务,是指为乘客提供位移服务,不是提供具体的商品。乘客从出发点到目的地,所拥有的有形的物品不会增加,但实现了位置的转移,而这个转移,是真实存在的,但没有形状。

服务的特征

2) 易逝性

服务的易逝性是指服务不像有形的产品那样可以储存起来，以备将来出售或消费。服务产品的无形性、生产与消费的不可分离性，使服务只能在生产时被即时消费，即服务不能被储存、转售或者退回。例如一辆有100个座位的地铁列车，如果在某趟只有80个乘客，它不可能将剩余的20个座位储存起来留待下趟地铁列车销售。

3) 差异性

服务的差异性，一方面是指，不同服务行业提供的服务是有差别的。如地铁服务是提供位移，餐饮服务是提供舒适的就餐环境。

另一方面，即使是同一个服务行业，服务也具有很大的差异性。服务有两个主体，一个是提供服务的服务者，一个是购买服务的服务对象，服务的差异性主要来源于以下三点。

第一，服务者的专业能力、服务意识会影响服务，积极主动的服务者能迅速体察乘客的需求，想乘客之所想，急乘客之所急，提供细致周到的服务，如引导坐轮椅的乘客走边门。

第二，针对不同的服务对象，服务者会提供一些差别性的服务，如地铁站务员会帮助携带大件行李物品的乘客拿东西，特别关注老弱病残孕等重点乘客的需求。

第三，即使服务者提供的服务一模一样，不同的服务对象，产生的感受是有差异的。例如，地铁列车内的空调温度，不同乘客的感受就不一样，因此，地铁列车夏季提供"同车不同温"服务，具体为"两端舒适、中间清凉"，列车分为"强冷"和"弱冷"车厢，以照顾不同乘客的需求。

4) 评价的复杂性

实物产品由于具有实体性的特点，因此可以按照统一的工艺流程进行生产，按照统一的技术标准进行评价，而测评无形的、不能储存的服务产品则无疑要复杂得多，服务企业也很难通过标准化管理来保证服务产品的质量。服务的本质是满足他人需求的行为，而每个人对于服务的预期不一样，感受到的服务就有差别。如热情的导购服务，对喜欢导购引导帮助的顾客来说，就非常贴心；但对于喜欢自助购物的顾客来说，热情的导购会增加心理或社交负担。

5) 生产和消费的同步性

大多数商品是先生产，然后进行存储、销售和消费，但大部分的服务却先销售，然后同时进行生产和消费。如咨询服务，在咨询的过程中，服务者生产服务，服务对象消费服务。

2. 城市轨道交通服务

城市轨道交通服务是运输企业为乘客提供的以乘客位移为中心的服务，是由票务服务、导乘服务、运行服务和应急服务等一系列或多或少具有无形性的活动所构成的一种过程。该过程是在乘客与服务人员、硬件和软件的互动过程中进行的，其实质是最大限度地满足乘客的需求并为其创造价值。

1）城市轨道交通服务的分类

根据服务的地点不同,城市轨道交通服务可以分为站厅服务、站台服务、列车服务。

根据服务的内容不同,城市轨道交通服务可以分为进出站服务、安检服务、票务服务、候车服务、上下车服务、安全乘车服务、特殊服务、便民服务等。

2）城市轨道交通服务的特点

规范性：城市轨道交通服务有科学严格的行业规范、服务规范作为指导。

先进性：城市轨道交通建设周期长,轨道交通客流量大,先进的服务设备能让服务更加高效。

自助性：城市轨道交通服务呈现很强的自助性。在先进的服务设备、完备的服务设施的基础上,多数乘客在完成整个位移需求的过程中,无须车站工作人员的协助。

稳定性：城市轨道交通作为城市公共交通体系的一部分,也是社会的基础设施,其提供的服务开放时间、运行距离、服务项目等必须是公开的、稳定的,不能由企业单方面随意改变。

社会性：城市轨道交通不仅仅是交通运输企业,它作为公共基础设施同样承担了社会责任,它的服务内容和标准要受到社会事件影响。

二、城市轨道交通服务礼仪

1. 礼仪的基本知识

1）礼仪的产生与作用

从理论上说,礼的产生,是人类为了协调主客观矛盾的需要。人类为了与大自然抗争,不得不以群居的形式相互依存。人类为了更好地相处,必须制定一定的规则,这些规则被慢慢适应、调整,形成礼仪。如握手礼,起源于远古时代,人们以狩猎为生,如果遇到素不相识的人,为了表示友好,就赶紧扔掉手里的打猎工具,并且摊开手掌让对方看看,示意手里没有藏石头。后来,这个动作被武士们学到了,他们为了表示友谊,不再互相争斗,就互相摸一下对方手掌,表示手中没有武器。随着时代变迁,这个动作就逐渐演变成了现在的握手礼。

从具体的仪式上看,礼产生于原始宗教的祭祀活动,祈愿天地鬼神、祖先的庇佑;随着社会不断发展,礼仪的内容和形式扩展到了各种人际交往活动。

因此,现代礼仪是指人类为维系社会正常生活而要求人们共同遵守的最起码的道德规范,它是人们在长期共同生活和相互交往中逐渐形成,并且以风俗、习惯和传统等方式固定下来的行为规范与准则。

从广义的角度讲,礼仪是人们在社会交往活动中形成的行为规范与准则,是礼节、礼貌、仪表、仪式等的总称,涉及社会、道德、习俗、宗教等方面。礼仪不是随意制定的,是人们在人际交往中,以一定的约定俗成的程序、方式表现的律己、敬人的过程,涉及穿着、交往、沟通、情商等各个方面的内容。对一个人来说,礼仪是他的思想道德水平、文化修养、交际能力的外在表现。

从狭义的角度讲,礼仪指的是国家、政府机构或人民团体、企业机构在某一种正式活动和一定环境中采取的行为、语言等规范;是指在较大或较隆重的正式场合,为表示对接待对象的尊重所举行的合乎社交规范和道德规范的仪式;是社会交往中在礼遇规格、礼宾次序等方面应遵循的礼貌、礼节要求,一般通过集体的规范仪式和程序行为来表示。对一个社会来说,礼仪是一个国家社会文明程度、道德风尚和生活习惯的反映。重视、开展礼仪教育已成为道德实践的一个重要内容。

2)礼仪的特点

(1)文明性。

礼仪是人类文明发展的一个侧影,是人类文明程度的体现。如我国礼仪要求的尊老敬贤、注重仪表等,都是倡导更加文明礼貌的行为。

(2)共通性。

礼仪是人类关系的调和剂,从古至今、国内国外,人们对于美好生活的向往是一致的,因此,不论从时间跨度还是空间跨度来说,礼仪有一些共通的部分,如尊重他人、与人为善、诚实守信等。

礼仪的特点

(3)地域性。

一方水土养育一方人,在不同的山川地貌、不同的自然环境下生活的人们,在礼仪的理念、行为上会有不同。如东、西方礼仪就具有差异性,西方礼仪强调实用、表达率直、坦诚;东方人则喜欢礼让三分,强调谦逊和含蓄。在对待"老"的态度上,东方礼仪更多的是尊重老人、帮助老人,而西方人不愿老、不服老,在中国帮助老人的善举,可能在西方人眼中,是对老人能力的不信任。

(4)传承性。

人类社会繁衍生息,礼仪也随着人类的繁衍不断传承。如《弟子规》中对衣着的要求"冠必正,纽必结;袜与履,俱紧切"等,对现代人来说,仍是必要的。《朱子家训》中"嫁女择佳婿,毋索重聘。娶媳求淑女,毋计厚奁",对现代人来说,仍不过时。

(5)发展性。

礼仪的实施者是人,人是不断进步和发展的,为了人们之间更融洽地相处,礼仪的理念、形式也在不断发展。如我国封建时期的"三纲五常","三纲"即君为臣纲、父为子纲、夫为妻纲,要求臣子、儿子、妻子需听命服从于君王、父亲、丈夫,即当时的礼仪理念;"五常"即仁、义、礼、智、信,是用以调整君臣、父子、兄弟、夫妇等人伦关系的行为准则,是礼仪的形式。

(6)规范性。

礼仪是一种行为规范,所有的礼仪行为均具有一定的规范性,有其具体的做法,如握手礼仪中切忌用左手握手。否则,每个人只根据自己的习惯随心所欲,礼仪就起不到协调人际关系的作用了。

3)礼仪的分类

(1)政务礼仪。

政务礼仪是国家公务员在行使国家权力和管理职能时所必须遵循的礼仪规范。

(2)商务礼仪。

商务礼仪是在商务活动中体现相互尊重的行为准则。商务礼仪的核心是一种行为的准则,用来约束我们日常商务活动的方方面面。

(3)服务礼仪。

服务礼仪是指服务行业的从业人员应具备的基本素质和应遵守的行为规范。

(4)社交礼仪。

社交礼仪是指人们在人际交往过程中所具备的基本素质、交际能力等。

(5)涉外礼仪。

涉外礼仪是指在长期的国际往来中,逐步形成的外事礼仪规范,也就是人们参与国际交往所要遵守的惯例,是约定俗成的做法。

2. 城市轨道交通服务礼仪的含义

城市轨道交通服务礼仪是指城市轨道交通企业员工在工作岗位上通过其形象、言谈、举止等对乘客表示尊重和友好的行为。

城市轨道交通服务礼仪是礼仪在轨道交通服务行业的具体应用,是礼仪的一种特殊形式,是体现服务的具体过程和手段,使无形的服务有形化、规范化,是社会要求轨道交通服务人员在自己的岗位上所需严格遵守的行为规范。

服务人员在日常的工作岗位上,不仅要体现出自己的专业技能,还要体现出服务人员的职业服务素养,而服务礼仪就是城市轨道交通服务人员在工作场合适用的礼仪规范和工作艺术。

服务人员的行为规范是日常工作中不可或缺的一部分。行为规范可分为两大部分:一是行为,指的是人们受自己的思想意志的支配而表现在外的活动;二是规范,指的是在服务过程中标准的、正确的做法。可以把行为规范归结为两点:主要包括服务人员在服务关系中所应有的仪容仪表和言谈举止。由此可见,行为规范是人们在特定的场合中进行活动时的标准和正确的做法,是一种与乘客交往过程中具有的相互尊重、亲善和友好的行为艺术,是"以客为尊、以人为本"服务理念的具体体现,也是城市轨道交通优质服务的重要组成部分。

3. 城市轨道交通服务礼仪的作用

1)提高服务质量

服务礼仪中展现出来的"以客为尊、以人为本"的服务理念,能更好地激发服务意识,使服务人员主动为乘客着想；规范的服务行为，也能在服务过程中，让乘客如沐春风，感受优质服务。

2）调节客我关系

城市轨道交通服务对象是乘客，服务的过程，是人与人交流的过程。礼仪是人际交往的润滑剂，良好的服务礼仪，能更好地向服务对象即乘客表达自己的尊敬、友好与善意，增进了解与信任，与乘客建立良好的关系。

3）提升自我素养

在应用服务礼仪的过程中，通过与不同年龄、性别、性格、文化的乘客交流，可以不断地增加阅历见识、陶冶道德情操；同时，运用礼仪能更规范地设计个人形象、展现个人良好教养，在与乘客交流过程中充满自信，提高个人修养。

4）凸显企业水平

应用良好的服务礼仪，能提高乘客的满意度，减少投诉事件的发生，进而体现轨道交通企业的管理水平和服务水平。

三、城市轨道交通服务礼仪的基本原则

1. 尊重原则

孔子说，"礼者，敬人也"，这是对礼仪核心思想的高度概括。所谓尊重原则，就是要在服务过程中，将对乘客的重视、恭敬、友好放在第一位，这是礼仪的重点与核心。因此在服务过程中，首要的原则就是敬人之心长存。尊重别人也是尊重自己。

2. 真诚原则

服务的过程中，以诚待人，才能更好地被服务对象理解。如服务行业中强调的微笑服务，只能是发自内心的真诚的微笑，而不是应付式的假笑。同时，从自身的角度来说，真心实意地为乘客提供服务，也是实现自身工作价值的方法，如果每天面对乘客，只是虚与委蛇，就不能感受工作带来的快乐。

3. 宽容原则

宽容原则的基本含义，就是要求在服务过程中，既要严于律己，更要宽以待人。要多体谅他人，多理解他人，学会与服务对象进行心理换位，不求全责备、咄咄逼人。

4. 适度原则

适度原则的含义，就是要求应用礼仪时，必须注意技巧、合乎规范，特别要注意做到把握

分寸、认真得体。凡事做过了头,或者做不到位,都不能正确地表达自己的自律、敬人之意。

5. "乘客至上"原则

轨道交通运营企业是从事客运的服务行业,其生产效能是满足人们的出行需要,具有鲜明的社会服务特点。运送对象是乘客,摆正自己与服务对象的关系位置,确立"服务为本,乘客至上"的服务意识,讲求服务信誉,千方百计维护乘客利益,全心全意为乘客服务,是轨道交通职业道德的核心。

任务 2　城市轨道交通服务人员服务意识培养

任务导入

小李是武汉地铁 2 号线中山公园站的一名站务员,来中山公园的很多乘客,都是为了前往华中科技大学同济医学院附属协和医院就医。小李每天要应对各种各样的医疗信息的咨询,从"门诊部从哪个口出去"到"放射科在哪一楼",繁杂不一。小李经常开玩笑:"在中山公园当站务员,不仅要导乘,还要导医。"一段时间下来,小李已经将医院的情况摸清楚,除了口头指引,还要写出十几张甚至几十张便签,就是为了方便乘客。小李经常说:"我不怕麻烦,只要能帮到乘客,麻烦一点也愿意。"

2021 年上半年,全国劳动模范、武汉地铁汉口火车站站长姚婕打破不在客流较大站厅通道设置候车区的常规,选取了一处乘客较少通行的免安检区域,设置为"爱心候车区",受到众多乘客青睐。半年后,爱心候车区得到升级,被打造成五彩斑斓、造型别致的休憩区域,并在前方立柱上设置了导医、导学、导游、导乘"四导"信息,乘客现场扫码即可获取路线指引。这个"会合点"的设立,与爱心候车区、导乘信息融为一体,乘客们从能够顺畅通达向幸福出行转变。

不怕自己麻烦,只要能帮乘客解决麻烦,这是一种服务理念,也是一种强烈的服务意识。作为城市轨道交通服务人员,我们要有什么样的服务意识呢?

背景知识

服务意识是指企业全体员工在与一切企业利益相关的人或企业的交往中所体现的为其提供热情、周到、主动的服务的欲望和意识,即自觉主动做好服务工作的一种观念和愿望,它发自服务人员的内心。

一、培养服务意识的意义

1. 服务意识影响服务态度

服务意识也是以别人为中心的意识。拥有服务意识的人,常常会站在别人的立场上,急别人之所急,想别人之所想;为了别人满意,不惜自我谦让、妥协、奉献。缺乏服务意识的人,则会表现出"以自我为中心",把利己和利他对立起来。以自我为中心的人,在服务乘客时,难以做到积极、主动,更难以真诚。缺乏真心的服务,乘客是能很敏感地察觉出来的,在乘客角度,这就是服务态度不好。

> **案例**
>
> 某天,站务员小杨看到站厅有一名女乘客站在那里捂住肚子,便立即跑过去。小杨走近询问,得知那名女乘客怀孕了并且出现了出血现象。小杨赶紧向车控室汇报。值班站长接报后立即通知车控室报120,并搬来屏风将现场围蔽,减少孕妇的尴尬,同时安排员工到出入口接医护人员,安排女员工对其进行悉心照顾,为其提行李,并为孕妇披上制服以挡住空调风。经过了解得知,该孕妇刚怀孕3个多月,在车站附近逛完街后准备搭乘地铁回家的时候身体出现不适,随即出现大出血的症状。车站人员等到医护人员到站,将该名孕妇送往医院进行救治。4个小时后,该孕妇的丈夫致电车站,表示其妻子身体情况已基本稳定,并非常感激地铁员工及时的帮助和照顾。

2. 服务意识影响服务品质

服务领域有一句名言:用力工作只是称职,用心工作才算优秀。服务工作,很多时候在于服务细节,在于服务中琐碎、繁杂和细小的工作,卓越往往体现在这些细微之处。尤其是城市轨道交通运输,它是一个自助性很强的行业,当携带大件行李物品的乘客出现在站厅,我们是积极主动帮助,还是视而不见,甚至趁机"巡视"到别处?乘客询问出入口,我们是详尽说明,甚至手写路线图,还是随手一指,让乘客自己看导向标志?客运服务人员的服务意识,影响服务的品质。

> **案例**
>
> 某天,8号线徐家棚站的站务员小李发现一名行动不便的乘客,立即拿来轮椅供其使用。"您要是行动不方便,坐上轮椅我推您吧。"站务员小李说,乘客非常感动,表示感谢。在过闸机时,小李用手按住闸机,避免扇门关闭时打到乘客,乘客感谢道:"连这么小的细节都注意到了,你们的服务真周到!"

3. 服务意识影响服务技能

如何让自己的服务技能提升？提升技能主要靠的是内驱力。想要把服务做好，才会努力提升服务技能。积极主动地为乘客服务，就能在服务的过程中不断积累经验，提升技能。缺乏服务意识，可能服务时本就不情不愿，更别说通过服务主动地积累经验教训了。因此，服务意识影响客运服务人员的学习意愿、学习机会，影响服务技能的提升。

> **案 例**
>
> 某日，车站一名热心乘客向车站工作人员反映，站厅A端扶梯旁有位男乘客晕倒在地。当班值班站长小叶接报后立即赶到现场，发现一位40岁左右的男乘客躺在地上，身体不断抽搐，呼吸困难，从乘客的症状判断可能为癫痫症发作。为避免该乘客发病期间咬破舌头，小叶将纱布放入乘客口中让其咬住，同时按压人中穴，其他人员协助解松乘客衣领，把乘客的头部保持在一侧，让其平卧，尽可能缓解乘客疼痛，维持乘客病情稳定。在等待120到来期间，小叶不忘及时想办法联系乘客家属。经过车站人员十来分钟的救助后，乘客病情得到好转，逐渐恢复意识，并能够与车站人员进行简单对话。120救护人员到站后对乘客进行检查，随后将乘客送往医院救治。乘客对车站人员给予救助表示衷心感谢！当天电视台记者就此事到车站进行了采访，该事迹在后续新闻栏目中进行了专题报道，肯定了当班值班站长小叶的行为。小叶说，在车站工作，经常遇到乘客身体不适的情况，处理得多了，就知道怎么办了。

二、服务意识的培养方法

1. 贯彻"乘客至上、服务为本"的服务理念

首先，客运服务人员是城市轨道交通运行过程中的主要服务人员，他们服务的态度如何，对营运服务质量的影响非同小可。"乘客至上、服务为本"的服务意识不仅要求企业的领导和管理人员具有"乘客第一""乘客至上"的意识，更要求每个员工的一言一行都能够体现这一意识。因为在城市轨道交通运营服务生产中，服务工作的好坏给广大乘客以直接的感受，人们往往将客运服务人员的服务水平等同于城市轨道交通行业的营运服务质量。

其次，客运服务人员工作比较集中地体现了城市轨道交通的职业特点：置身于车站这一流动社会之中，服务于一个个具体的人。站务员的工作平凡而艰苦，要适应纷繁的社会环境，满足各种乘客的不同需要，如果没有强烈的职业热情和责任感是很难做到的。

最后，城市轨道交通的经营以营运服务为中心，要把社会服务效益放在第一位，所以服务人员必须要贯彻"乘客至上、服务为本"的经营宗旨，迫切需要增强工作热情和职业责任心，以提高营运服务质量，争取较高的社会信誉。

> **案　例**
>
> 地铁火车站站台岗小陈在清客时发现列车座位上有一个皱巴巴的环保袋,便把环保袋拿下列车,与另一名站台岗共同打开确认,发现袋内有身份证、银行存折、HTC手机一部和惠氏奶粉一罐,还有人民币现金1.6万元。想到乘客遗失了这么贵重的物品心里一定很焦急,小陈立即向车控室汇报。值班站长接报后立即通知车站控制室在全站范围内播放广播寻找失主。小陈考虑到地铁站上就是火车站,万一失主上了火车,就更难寻找。正在这时,那个小小的奶瓶和几张身份证提醒了员工,说明乘客应该带了小孩,而且乘客没有了身份证也不能进站坐车,说明失主还没走远,可能还在车站附近。于是车站人员开始密切留意身边带着小孩的乘客们,希望从中发现失主。过了一会儿站台出现了一名带着孩子的女乘客,满脸愁容,四下张望,站台岗小陈见状,立即上前询问,女乘客带着哭腔道出了真相:原来她正是丢失了1.6万元现金的失主。经过核对,物品信息正确无误,小陈高兴地把物品放到失主的手中。对于失主来讲,这可是她辛苦一年攒下的血汗钱。失主眼中饱含激动的泪水笑着看着小陈,并从包里抽出几百元往小陈手中塞。小陈连连摆手并表示:"这是您的血汗钱,完璧归赵,是我们每位地铁员工的职责所在。"

2. 加强礼仪修养,摆正客我关系

良好的礼仪修养,能够给他人以整洁、亲切之感,并在与他人交往中更具亲和力,所以自然能够促进服务质量的提升。当一个人有了良好的礼仪修养时,就会自觉地关注他人,而不是过分地关注自我。礼仪的根本思想是为他人着想,具有良好礼仪修养的人在与他人交往时更有亲和力,善于设身处地考虑他人感受,而服务意识是源于内心的主动为乘客设想的意识,是以乘客为中心的意识。就服务的角度而言,礼仪的根本思想和服务意识是统一的,具有良好礼仪修养的人更容易习惯以别人为中心,也就更容易养成良好的服务意识。

同时要摆正客我关系。凡服务行业,都有一个与自己服务对象的关系问题。客运服务人员对这种关系处理得好,服务工作就做得出色,反之就很难在工作中做到尽忠职守。客运服务人员应当明白:在服务交往过程中,从某种意义上说,服务人员和乘客之间不是完全平等的,这种不平等,不是人格上的不平等,而是在这个服务情景中,所处位置上的不平等,这种不平等在服务行业中被认为是合理的,但服务人员是否能心平气和地认识和接受这种合理的不平等或许因人而异。明末清初的思想家、教育家颜元说过:身有礼则身修,心有礼则心泰。能做到"心有礼"而"心泰"的客运服务人员更易于理解和接受自己在服务过程中的角色,从而以平和的心态对待服务,并且以乘客为中心来思考并完成服务工作。

3. 突破服务心理障碍

在服务过程中,可能有的时候,不是不想做好,而是有一些顾虑。主要可能遇到的心理障碍有担心遭到拒绝、担心服务不好、担心别人嘲讽、感觉心里委屈、厌恶服务对象等,只有克服了这些心理障碍,才能更好地提升服务意识。

1）担心遭到拒绝

这是由以往曾经遭遇过乘客的拒绝所造成的心理障碍。有些乘客自主意识特别强，不喜欢被别人服务。但这种乘客所占比例不大，其他大多数乘客还是愿意接受主动服务的，对客运服务人员的热情抱有感激之情。假使因此而不再为乘客提供主动服务，是不是会影响到其他乘客需要的满足呢？退一步想，即使遭到拒绝又能怎么样呢？只要是善意的，乘客通常也不会责怪。可以说，要不要主动提供服务，是我们服务人员的事情，而乘客接不接受，是乘客的事情。我们需要调整好心态，做好自己的事情。

2）担心服务不好

这是由于对自己要求过高，或对自己的服务素质缺乏自信所造成的。其实，乘客要求未必像自己的要求那样高，多数乘客更在意的是服务态度，而不是服务知识和服务技能。另外，没有几个乘客在服务知识和服务技能方面更内行，只要大胆服务，乘客是看不出缺陷的。即使在服务知识和服务技能方面的缺陷被乘客发现了，又能怎么样？可以自谦地说："我正在努力学习，以后不会这样的。"只要态度积极，乘客也能理解。记住：只要服务态度好，即使服务知识和服务能力暂时差些，也没有关系。因为只有在服务乘客的实践中，才能够发现自己的不足，也才能有意识地学习和改进。一个人的知识和能力总归是有限的，要善于借助团队的力量帮助乘客解决问题。既可以找同事帮忙，也可以找上级帮忙，甚至可以请其他的乘客帮忙，只要愿意，总能把服务乘客的事情做好的。

3）担心别人嘲讽

如果总是担心别人嫉妒而不敢进步，那只好做一个平庸之辈了。其实，别人嫉妒是好事，说明比他强。只要对同事也像对乘客一样尊重和关心的话，不仅不会遭到他们的嘲讽，还会影响和带动他们学习。话又说回来，即使有人嘲讽，只要坚信自己是对的，就不要被别人的看法所干扰。

4）感觉心里委屈

这其实是因为心理不平衡所造成的。本来人人平等，为何我要服务别人，而别人被我服务呢？为了挣这点钱，值得我付出这么多吗？这是很多人在服务意识尚未真正建立之前的一种正常心理活动。的确，被服务的感觉要比服务别人的感觉好得多，因为不必费心费力费时。尤其是当人们为乘客服务却得不到平等回报的时候，人们更会感觉到委屈，似乎很不值得。但是，当今社会就是一个精细化分工的社会，我在城市轨道交通岗位服务别人，别人也在其他岗位服务着我，我服务得越好，我能得到的服务也会越好，只要这样良性互动，世界就会更美好。

5）厌恶服务对象

喜欢谁才接近谁，讨厌谁就远离谁，这在日常生活中很普遍。但是，在工作岗位上，如此

"看客下菜"的做法,却严重违背了一视同仁的普遍服务原则。要想克服这种心理障碍,必须调整自己的心胸,让自己的心胸宽广起来,才能容纳各类人。不管是什么样的乘客,付的都是一样的车票,又何必计较喜不喜欢他们。服务上,不管乘客什么样,都要一视同仁,不能厚此薄彼,这才是一种专业的服务态度。

任务3 城市轨道交通服务人员的基本礼仪素养

任务导入

某天傍晚正值车站客流高峰期,站台候车乘客较多,站台服务人员小孟组织乘客在上车区域有序排队候车,留出下车区域便于列车上的乘客尽快下车。列车到站后一名女乘客冲到下车区域想挤上车,但被车上下来的乘客挤了出来。小孟劝导这名乘客到上车区域排队候车时,这名乘客迁怒于小孟,一怒之下将小孟的对讲机拍打在地。小孟向乘客解释下车区域是不能上车的,否则会影响车内的乘客尽快下车,请乘客理解。小孟指引这名女乘客到上车区域排队并继续接发列车,关注列车关门动车情况,女乘客不听劝阻继续谩骂呵斥小孟,甚至冲过来用手拍打小孟的后背。在此过程中,小孟始终有礼有节,未与乘客起争执和冲突,而是躲避并立即报车控室。随后车站其他员工及保安到站台处理,但女乘客已经离去。次日,车站接到服务总台转达的信息,说有一名女乘客对自己昨日在车站的不冷静行为表示歉意,并对车站员工小孟道歉,赞扬小孟具有极高的礼仪素养和职业素养。

背景知识

一、城市轨道交通服务人员的基本礼仪素养要求

1. 真诚的笑容

微笑是人与人之间沟通的桥梁。根据首轮效应的原理,人与人在第一次交往中给他人留下的印象,在对方头脑中形成并占据主导地位。第一印象的作用最强,持续时间也较长。面部表情最容易给人留下深刻的第一印象,微笑的表情,能让乘客产生舒适的感觉。服务人员的微笑,可以从情感上与乘客拉近距离,建立友好的客我关系,为处理乘客事务打好基础。

> **案　例**
>
> **武汉地铁微笑服务**
>
> "有温度,更懂你",武汉地铁2015年启动"微笑服务"品牌创建工作,精心打磨运营服务各个环节,力争用有温度的服务满足乘客出行需求。2018年3月,武汉地铁"微笑服务"被交通运输部授予"中国运输领袖品牌"荣誉称号。
>
> 武汉地铁的微笑服务,体现在工作的点滴之中,比如,武汉地铁古田二路站的客运值班员耿青,他将乘客需要的信息都记在他的笔记本上。
>
> "小胖,你今天上早班啊,天有些冷,注意身体啊。"2018年12月13日7时,家住硚口区长丰街道的张大姐如往常一样到地铁1号线古田二路站坐车去上班,站台上遇到了熟人"小胖"——客运值班员耿青。
>
> 耿青由于长着一张可爱的圆脸,被车站周边市民称为"小胖",在他们心里,他就是一个"老街坊":大妈出门乘车,卡里钱不够,不急,找"小胖";行李带太多,不方便下楼梯,不慌,找"小胖"。他的口袋里永远有两样东西:随时为乘客准备的零钱和一个笔记本。笔记本上记得密密麻麻:车站重点区域、乘客问路多的地段、公交路线、步行路线等信息。"关键时刻可以为乘客帮上大忙",耿青对长江日报记者说。
>
> 工作中乘客永远摆在第一位,这是武汉地铁创建"微笑服务"品牌的成效,在武汉地铁线网上,成千上万个"小胖"用实际行动证明了这一点。武汉地铁运营公司针对不同岗位推行《"微笑服务"品牌创建相关岗位作业标准》,明确规范客运服务人员、设备设施维护人员、外服人员的岗位服务要求。
>
> 多年来,武汉地铁"微笑服务"品牌的打造热情不断升温,并通过大讨论、青年员工大讲堂、岗位技能大比拼等丰富多样的活动,不断引导和规范员工的价值观念、责任意识、职业道德、行为取向,让"知你心忧、懂你所求"的服务理念延伸到最末端。

2. 良好的服务意识

服务意识是指企业全体员工在与一切企业利益相关的人或者企业交往的过程中所体现的为其提供热情、周到、主动服务的欲望和意识,是一种自觉主动做好服务工作的观念和欲望。服务意识有强弱之分。城市轨道交通服务人员,应该具有良好的服务意识,在工作岗位上扮演好服务者的角色,并以此约束自己的行为。服务意识欠缺,会导致服务工作缺乏主动性,不能主动发现乘客问题,没有主动为他人着想的概念,难以提供乘客需要的服务。同时,服务意识欠缺,会导致服务人员机械地执行相关的服务标准,生搬硬套,遇到困难容易退缩,不能主动寻求解决办法,服务质量下降,甚至会引发乘客投诉。

服务意识是发自服务人员内心的,是服务人员的一种本能和习惯,并且可以通过培养、教育、训练形成或者提升。

案 例

2022年1月11日早上8时许，武汉地铁3号线二七小路站，黄女士像往常一样走进地铁站准备乘车。监控画面显示，她走到进站闸机附近时，突然趔趔趄趄，即将歪倒。该站工作人员小陈发现这一幕后，在5秒之内冲到黄女士身后，在她即将晕倒时将其紧紧抱住。紧接着，值班站长甘萍也赶到现场，她推来轮椅，扶黄女士坐下休息，询问病情，并帮助联系家人。

"当时黄女士晕倒后脸色苍白，意识不清，伴随呕吐。"小陈和同事将黄女士搀扶到椅子上休息，并与其家人取得联系。经询问得知，黄女士是因突发胃疾导致身体不适晕倒，于是工作人员取来温水递给黄女士，并为其清理身上的呕吐物。一小时后，黄女士面色好转，身体有所恢复，家人也赶到车站将她接走。

"要不是你们把我接住，那还不知道摔成什么样子，有你们在，感觉特别安全！"黄女士及其家人离开地铁站时，特别感谢飞奔抱住黄女士的工作人员小陈。问到小陈为什么能第一时间跑过来，"这已经是下意识的反应，看到乘客需要帮助，像条件反射一样，就冲了过去，"小陈笑着说。

3. 专业的职业形象

专业的服务形象，才能给乘客信心和信赖。专业的服务形象，包括仪容仪表和仪态两个部分。作为城市轨道交通服务人员，对发型、妆容、服饰、体态都有专业严格的要求。

案 例

市民陈女士说，每次看到地铁站务员，穿着一身制服站在那里，就感觉专业、温暖。原来，事情发生在2020年3月9日傍晚6点多，陈女士搭乘地铁2号线时，突发身体不适，一个站立不稳撞倒在车门上，随后就失去了知觉。同车的一名男乘客赶紧将她扶起，等列车到站后搀扶她坐在站台座椅上休息，与此同时，站务员也发现了，她怀疑陈女士是低血糖发作，赶紧向值班站长报告。

值班站长小吴马上提起药箱赶到站台层，并向同事们下发指令："客运值班员，请准备开水、糖果和饼干来站台支援，客服中心做好其他乘客的服务，行车值班员马上向站区汇报情况。"整个值班组迅速行动起来，有人搀扶，有人喂水，很快陈女士就清醒过来，但还是全身乏力。站务员注意到她还在抽搐，不停安慰："我握着您的手，您靠着我，别怕，有我们在。"值班站长小吴发现，陈女士的头部隆起一块，疑似是磕碰后被撞伤的，她们将陈女士搀扶到站长室内休息，细心的站务员还拿来冰袋冰敷。大约一小时后，陈女士的家人赶来。在站务人员的帮助下，陈女士被送出站，离开时站务员还一再嘱咐她，要在包里备点糖点来应急，一定要去医院检查。"她们说的这些话，都让我感觉很温暖，"陈女士说。13日早上，陈女士又来岭兜站乘车时，往客服中心送上一面锦旗和一封感谢信。"这是我来厦门的第二年，让我对厦门越来越喜爱的原因就是人文情怀，(虽然只是)一点点爱，但是在那个时刻足够铭心，地铁员工们穿的制服是带光的，是地铁之光，是温暖之光。"信中写道。

4. 良好的沟通技巧

服务需要双方有效地沟通,作为服务的提供者,更是有责任促进沟通有效进行。怎么倾听乘客诉求,怎么准确表达,都决定了服务的成败。

> **案 例**
>
> 一天中午,武汉地铁车站站务员发现一名30岁左右表情木讷、举止异常、情绪激动的男子在车站进站闸机前徘徊,当车站人员靠近时,这名男子想冲到闸机前面跳进去,车站工作人员立刻上前拦截。男乘客一开始情绪激动,不听劝阻,并且嘴里一直在念叨着别人听不懂的内容。值班人员立即到现场将乘客带离闸机位置,值班站长慢慢耐心和乘客沟通,乘客拿出了自己的证件给值班站长看。值班站长将乘客的证件资料交给公安机关,希望做进一步确认,通过公安机关的核查,确认该乘客是走失了4日的残疾人。车站人员立即通过公安机关与乘客的家人取得联系,同时安排人员细心照顾和安抚该乘客,为他提供饮水和食物,直至男乘客的家人赶来。乘客的家人对员工万分感谢,还多次塞红包给员工,均被婉拒。该名乘客的妹妹发布了数条微博,对地铁站工作人员表示衷心的感谢。

5. 过硬的专业技能

专业技能是立身之本,只有专业过硬,才能保障乘客最重要的需求。专业技能是基础,是基石,只有在专业技能的基础上,才能让礼仪素养得到体现。

> **案 例**
>
> 某日,3号线南部商务区站站务员小杨在乘客发生危险的三秒内迅速响应,及时制止了一场危机。
>
> 这天中午,两位乘客下车后边走边聊,前后脚上了电扶梯。突然间,前方乘客重心不稳,身体开始向后倾倒,后方乘客无力招架,吃力地接着朋友连连后退,眼看两人就要双双倒地,一旁正在接发车的小杨闻声飞奔过来,按下了扶梯急停按钮,随着扶梯停止运行,两位乘客也稳住了脚步,紧接着另外两名工作人员也从不同岗位赶过来,关心乘客情况。周围的乘客纷纷对工作人员高效的应急处置能力表示赞许。

二、礼仪素养的培养方法

1. 内心认可,勤于学习

学习知识,首要的一步是认可它的价值,这样才能激发自身学习的内驱力,而不是被动地学习。我们可以从课本、课堂上学习一定的礼仪知识,同时,在学习的过程中要善于利用多种学习资源,如图书馆的图书资源、网络上的相关礼仪网站、广播电视中的相关教育节目等,系统、全面地了解和学习礼仪知识。在学习礼仪的时候,应当将这种学习与其他科学、文化知识的学习结合起来,这样能够更好地掌握和理解礼仪。

2. 实践应用,反思纠正

"纸上得来终觉浅,绝知此事要躬行。"生活就是最好的老师,我们可以向生活中彬彬有礼的人学习、模仿,也可以观察有哪些行为举止是不符合礼仪规范的,要善于总结,这样就能在以后的社会生活中避免犯错误。当我们看到生活中非常不礼貌的行为举止时,我们要学会自我反思,反观自己是否能够表现出礼貌的举止和行为。

3. 融会贯通,形成习惯

礼仪的形式和具体做法会随着时代的变化不断调节修改,除了不断更新礼仪知识外,还要学会掌握礼仪敬人、律己的本质,理解礼仪的目的是向他人表达尊敬和友好,调节人与人之间的关系,将礼仪知识融会贯通,在实际生活中,慢慢提升自身的礼仪水平,形成礼仪习惯。

思考与练习

1. 什么是服务?服务的特征是什么?
2. 什么是服务意识?
3. 为什么要培养服务意识?
4. 如何培养服务意识?
5. 请简述你对礼仪的理解。
6. 城市轨道交通礼仪的原则有哪些?
7. 城市轨道交通服务人员应具备的基本礼仪素养有哪些?

实训工单 1.1　礼仪知识分享实训

专业		班级	
实训类别	□个人实训	姓名	
	□小组实训	小组成员	

一、实训目标

增加学生礼仪知识，深入理解礼仪的含义与作用。

二、实训所需基础知识

1. 礼仪的含义与作用；
2. 礼仪的基本原则。

三、实训要求

每位学生收集礼仪故事、奇风异俗等内容，制作成PPT分享汇报。

四、评分标准

序号	项目	内容	标准	得分	备注
1	礼仪知识	礼仪内容	收集的礼仪知识、风俗习惯等，内容真实、丰富（20分）		
		礼仪原则	分析该礼仪知识体现的礼仪原则（20分）		
		礼仪作用	分析该礼仪知识的应用场景（20分）		
2	展示效果	PPT制作	PPT制作精美，排版合适，无错别字（20分）		
		现场效果	展示过程自然大方，音量适中，吐字清晰；现场反应良好（20分）		
			总分		

实训工单1.2 服务意识实训

专业			班级	
实训类别		☐个人实训	姓名	
		☐小组实训	小组成员	

一、实训目标

培养学生的服务意识和礼仪素养。

二、实训所需基础知识

1. 城市轨道交通服务意识的意义；
2. 城市轨道交通服务意识培养方法；
3. 城市轨道交通礼仪素养要求。

三、实训要求

收集地铁公司真实的服务案例，分小组进行演练并对案例进行分析。

四、评分标准

序号	项目	内容	标准	得分	备注
1	案例展示	案例选题	剧本台词紧扣主题，语言和谐，内容向上，具有启发性(15分)		
		展现效果	剧情感染力强，展示内容编排巧妙，构思新颖，有较强的艺术感染力，并能凸显服务礼仪特色(45分)		
		展示纪律	进场出场迅速有序、注重礼节、表现得体、说话清楚(10分)		
2	展示效果	准确性	能准确分析案例中做得好与不好的地方(15分)		
		启发性	能针对案例进行经验技巧总结(15分)		
			总分		

模块 2　城市轨道交通服务人员形象礼仪

模块描述

本模块主要是帮助学生掌握城市轨道交通服务人员仪容礼仪和职业着装规范，树立良好的服务形象。

教学目标

1. 思政目标

通过本模块的学习，帮助学生强化人际交往和职场礼仪的意识，提高个人礼仪修养和职业素养；培养学生正确的职业价值取向和责任意识，树立良好的个人形象和企业形象。

2. 知识目标

掌握城市轨道交通客运服务人员面部和发型修饰的基本要求；掌握职场妆容的化妆步骤和技巧；掌握城市轨道交通客运服务人员的着装规范。

3. 能力目标

理解形象礼仪对提升自身素质和企业形象的作用。

4. 素质目标

激发学生对美的追求，养成良好的人际交往礼仪；提升人际关系处理能力，建立和谐积极的人际氛围，为个人发展和企业的发展奠定良好的基础。

任务1　形象与气质

任务导入

小王是某学校的毕业生,毕业前夕,她参加了许多企业的招聘会,投递了自己的简历。因为学习成绩优异,她接到了很多企业的面试通知,但是都没有面试成功。小王很难过,于是找到了学校的就业指导老师指点。老师很快发现了她的问题:说话声音小,底气不足,不修边幅,头发蓬乱。

思考:个人的形象对自己的职业生涯有何影响?

背景知识

一、气质概述

1. 气质的内涵

气质通常是指人的风度、模样,犹似风骨等,也指人的生理、心理等素质,是相当稳定的个性特点,与生俱来却非一成不变,可能在教育和生活条件影响下缓慢变化,具有稳定性与可塑性的统一。

在日常生活中,常用"有气质"来形容女性美丽且具有内涵,但实际上气质应属于每一个人,是个人精神面貌的外在体现,以及形象仪表的外化和符号化的过程表现,并可通过着装来进行优化。

"气质"是强调人的特质,由此形成的"着装形象"代表了人与服装的结合,而与"风格"相关的"服装风格"虽也可体现人的着装形象,但其直接代表了服装的艺术设计概念,如田园的、都市的等,在词义中并不能直观表现人的着装气质。

2. 气质的表现

在现实生活中,有相当数量的人只注意穿着打扮,并不怎么注意自己的气质是否给人以美感。诚然,美丽的容貌、时髦的服饰、精心的打扮,都能给人以美感,但是这种外表的美总是肤浅而短暂的,如同天上的流云,转瞬即逝。如果你是有心人,则会发现,气质给人的美感是不受年纪、服饰和打扮局限的。

一个人的真正魅力主要在于特有的气质,这是一种内在的人格魅力。

性格开朗、潇洒大方的人，往往表现出一种聪慧的气质；性格开朗、温文尔雅，多显露出高洁的气质；性格爽直、风格豪放的人，气质多表现为粗犷；性格温和、秀丽端庄，气质则表现为恬静……无论聪慧、高洁，还是粗犷、恬静，都能产生一定的美感。相反，刁钻奸猾、孤傲冷僻或卑劣萎靡的气质，除了使人厌恶以外，绝无美感可言。

气质美首先表现在丰富的内心世界。理想则是内心丰富的一个重要方面，因为理想是人生的动力和目标，没有对理想的追求，内心空虚贫乏，是谈不上气质美的。品德是气质美的另一重要方面。为人诚恳、心地善良是不可缺少的。文化水平也在一定的程度上影响着人的气质。此外，还要胸襟开阔，内心安然。

气质美看似无形，实为有形。它是通过一个人对待生活的态度、个性特征、言行举止等表现出来的。气质外化在一个人的举手投足之间。走路的步态，待人接物的风度，皆属气质。朋友初交，互相打量，立即产生好的印象。这种好感除了来自言谈之外，就是来自作风举止了。热情而不轻浮，大方而不傲慢，就表露出一种高雅的气质。狂热浮躁或自命不凡，就是气质低劣的表现。

气质美还表现在性格上。这就涉及平素的修养。要忌怒忌狂，能忍辱谦让，关怀体贴别人。忍让并非沉默，更不是逆来顺受，毫无主见。相反，开朗的性格往往透露出大气凛然的风度，更易表现出内心的情感。而富有感情的人，在气质上当然更添风采。

高雅的兴趣是气质美的又一种表现。例如，爱好文学并有一定的表达能力，欣赏音乐且有较好的乐感，喜欢美术而有基本的色调感，等等。许多人并不是靓女俊男，但在他们的身上却洋溢着夺人的气质美：认真，执着，聪慧，敏锐。这是真正的气质美，是和谐统一的内在美。

追求美而不误解美、亵渎美，这就要求我们每一个热爱美、追求美的人都要从生活中领悟美的真谛，把美的外貌和美的气质、美的德行与美的语言结合起来，展现出人格、气质、外表的一个完整的美好形象来。

3. 气质的特点

1）自信

自信这一点真的太重要了，它是内心自我肯定的表现。一个充满积极、自信的人本身有着非同一般的魅力。不管你长相怎么样、身材怎么样，你都是这世界上独一无二的，就凭着这一点，为什么不能自信呢？

2）包容和沉稳

你是那种一点就着的人吗？还是那种黑白分明的人？你有容纳所有一切的胸怀吗？学着在生活中去包容一切吧。存在即合理，要学会包容、接受、容纳、大度。

3）同理心

当下流行的一个词叫"共情"，它是沟通中快速进入别人内心的能力。很多情商低的人往往都是没有同理共情能力的。他们往往固执于自我的观念,没有办法去真正感受别人,自然也不能理解别人。遇到问题时,不妨用同理心,换位思考来解决吧。只有这样,一切的沟通都不是问题。

4)外表得体

这一点就是会穿衣了。懂得什么场合穿什么,会得体地用服饰来包装自己;一言一行都拿捏到位。

5)活在当下、把握现在

过去、现在、未来,只有现在最真实,把握当下、享受一切,不管是美好的还是痛苦的。境由心造、境随心转,说的就是这个吧。不过这点好难,但能觉察就有可能让它变成现实,不是吗?

4. 气质对照表

我们的气质如何,不妨通过表 2-1 所示的气质对照表比对一下:

表 2-1 气质对照表

有气质	不怎么有气质
姿态端庄	懒懒散散
谈吐清晰	哼哼唧唧
直视对方	眼神飘忽
穿着得体	衣冠不整
容颜整洁	蓬头垢面
能控制脾气	轻易就争辩
会倾听	愿说不愿听
友善宽容	逞强好胜
用语文明	用语不文明
懂得丰富自己的知识	不爱学习、不思上进
享受食物	吃东西匆匆忙忙
对所做的每件事充满自豪感	遇事先考量自己能从中获得什么好处
懂得享受好时光	时常手忙脚乱
逆境中坚持信仰	总看到最坏的一面

二、形象与气质

形象是指客观世界作用于人并被反映在大脑中的人和事物的印象。人生活在自然界和社会中不是无知无觉的,而是有思想、有感情的。形象就是人们在一定时间内形成的较为鲜明、具体的轮廓。

形象分为内在和外在两部分,即外在形象和内在气质。一个人的外部形象如何常常向人显示他是谁,这主要包括体态、走姿、衣着、发型以及面部妆容等。

简而言之,外表形象就是给人的第一印象。在行走中是昂首挺胸、充满自信,还是怯怯懦懦、缩头缩脑?在站立时是腰板挺直,还是驼背弓腰?是衣着怪异、头发凌乱,还是衣着得体、仪表端庄?通常,衣着怪异、发型稀奇古怪,很容易让人感觉不稳重、不可靠,是一个自由主义思想严重的人;如果外形不修边幅,别人会觉得这是一个办事拖沓、非常随意的人,等等。

此外,在不同的行业当中,不同的职业对着装形象有不同的规定。例如城市轨道交通行业中,地铁公司很重视员工留给乘客的印象,地铁员工的着装往往会有统一的规定。它既要得体,还要有中国特色、地方特色。当然,地铁员工进入车站为乘客服务前,是经过严格挑选的,除了容貌、体形之外,对文化素质、心理素质、道德素质都有较高要求,上岗前还会经过专门的形象训练。

总之,个人形象是一种综合素质的体现,要使自己的举手投足更具魅力,从容应对各种社交场合,不仅要学会着装,更要从各方面提高自己,才能做到举止优雅、言谈得体,彰显高贵品位。

任务2 仪容、发型

任务导入

刘芸第一次乘坐地铁,进站后不知道该如何乘车,在看到一位地铁工作人员后马上上前询问,但是这位工作人员面色疲惫、无精打采、发饰松乱,刘芸便询问了服务中心的方位。当她找到服务中心时,服务中心的工作人员在服务台拿着镜子化妆……

思考:这个案例对你有什么启发?作为车站客运服务人员,应当如何展现个人素质?

> 背景知识

一、仪容

1. 仪容的内涵

仪容,通常是指人的外观、外貌。其中的重点,是指人的容貌,主要包括人的头发、面部、手部等各个身体部位及服饰的外观。为了有更好的仪容,各个部位及服饰都有相应的要求。

(1)头发:保持清洁,无头屑,梳理整齐,发式自然大方,不留古怪发型,不可染发(白发染黑除外)。

男——前不触眉,后不触领。侧不过耳,不可光头。时刻保持头发干净整洁,头发看起来不可过分油腻,发色自然,梳理整齐,不留怪异发型。

女——刘海梳理整齐,不要盖过眉毛。长发披肩,要用规定的发网束起,不得加其他头饰。

(2)面部:保持面容干净,面带微笑,显露积极的表情,保持目光接触。面部表情、目光、肢体语言保持一致。

眼睛:清洁、无分泌物,避免眼睛布满血丝。不戴有色眼镜。

鼻子:别让鼻毛"探头探脑",勿当众抠鼻子。

牙和口:保持牙齿和口腔清洁,早晚刷牙,饭后漱口,防止口腔产生异味。嘴巴和牙齿清洁,牙齿无食品残留物和口红印,不吃有异味的食品,不喝酒精饮料。定期做牙科检查。

男——不能留胡子,每天剃须,不应露出鼻毛,保持面部干净。

女——保持清洁,并适当化淡妆,鼻子无油光,口红颜色合适。

(3)手部:保持清洁,只可佩戴婚戒和手表(手表的款式不可奇异或颜色艳丽),不戴手镯、手链,不留长指甲。女士可涂无色透明或淡粉系列的指甲油(见图2-1)。

指甲:清洁,定期修剪,留指甲不可长于2毫米。

图 2-1　手部要求

(4)制服:干净整洁,无污点,制服合身平整,无线头露出,无破损,纽扣齐全。口袋里不要装太多东西,会导致口袋下坠。不得卷起袖口和裤腿。扣齐除装饰外的实用扣,领带、领结扣紧。衬衣不得露出制服之外。在左胸佩戴工号牌,工号牌字迹清晰。

(5)饰物:所有饰物不能过于夸张、过大或过长。

男——最多只能戴一只戒指、一只手表。

女——最多只能戴一只戒指、一只手表。

(6)鞋和袜:黑色皮鞋,保持干净,无气味,无破烂,皮鞋应经常打油擦亮。

男——一律穿黑色棉袜,如图2-2所示。

图 2-2　男士鞋袜参考图

女——穿裙装要配肤色长筒丝袜,并保证丝袜无破洞、无抽丝,如图2-3所示。袜口不能外露于裙边或裤边。

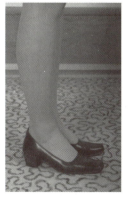

图 2-3　女士鞋袜参考图

(7)身体:每天洗澡,去除体味,振作精神。香水的味道不能过重。

(8)整体:符合工作需要,符合安全规则,自然、得体、大方,充满活力,干净清爽。

2. 仪容美的含义

首先,要求仪容自然美。它是指仪容的先天条件好,天生丽质。天生美好的仪容相貌,会令人赏心悦目,感觉愉快。

其次,要求仪容修饰美。它是指依照规范与个人条件,对仪容进行必要的修饰,扬长避短,设计、塑造出美好的个人形象,在人际交往中尽量令自己显得有备而来,自尊自爱。

最后,要求仪容内在美。它是指通过努力学习,不断提高个人的文化、艺术素养和思想道德水平,培养出自己高雅的气质与美好的心灵,使自己秀外慧中、表里如一。

这三者之间,仪容的内在美是最高的境界,仪容自然美是人们的心愿,而仪容修饰美则是仪容礼仪应关注的重点。

二、发型

发型是个人仪容的重要组成部分,是自然美和修饰美的结合。发型不仅反映着人们的物质、文化生活水平,而且体现了时代的精神风貌。

发型的选择应与脸型、年龄、职业、性格、气质、爱好相符。

1. 头发的清洁

要经常洗头,保证头发不粘连、不板结、无头屑、无汗味。尤其在秋季要对头发精心保养,因为这时会出现头屑增多、脱发和断发等现象,如发现发尖开叉,应及时修剪。

2. 发质的保养

(1)梳头:梳头可促进头皮血液循环,保持头发整洁。

(2)洗发:宜2~3天1次。

(3)护发:洗发时可用护发素,也可定期进行焗油。

(4)注意补充营养。

3. 女士发型的选择

第一,发型要与发质相协调。

(1)油性发质:宜短发,便于清洁。

(2)粗硬发质:不宜剪短发。

(3)头发稀少:不宜分中缝。

第二,根据体型选择发型。

(1)身体瘦小的人,适合简洁精干的发型,夸张或者太长的头发会显得更矮小;比例匀称的,适合任何清爽秀气的发型。

(2)瘦高身材者不宜将头发剪得太短,宜留长发。瘦高个适合长直发,头发太蓬松会看起来更瘦。高大的人,适合夸张的发型。

(3)身体矮胖者宜盘发。体型偏胖的人,以简洁、飘逸的发型为主,最好可以修饰脸型。

第三,还需要根据职业选择发型。

(1)运动员、女青年、女学生宜选择轻松活泼的发式。

(2)职业女性宜梳理清秀、典雅的发式。

第四,性格也会影响发型选择。
(1)活泼开朗的女性:宜以短发或流行发式为主。
(2)稳重干练的女性:宜选用高雅的发式。
(3)温柔清纯的女性:宜选用直发。
第五,发型还要与服饰相协调。
(1)在正式场合,女性身着套装,可将头发挽在颈后,梳低发髻,显得端庄、干练。
(2)着运动服时,可将头发扎成高高的马尾,显得青春、活泼和潇洒。
(3)着晚礼服时,梳晚装发髻,可显得高雅、华丽。
女士发型参考图如图2-4所示。

图 2-4　女士发型参考图

4. 男士发型的选择

男士的发型应给人以得体、整齐和略显成熟、稳重的感觉。头发长度要适宜,不留长鬓角(不超过耳朵长度的2/3);不可染成夸张的颜色,不过分追求时尚;不戴假发;过于干枯的头发宜上发蜡。男士发型参考图如图2-5所示。

图 2-5　男士发型参考图

任务3　城市轨道交通服务人员的妆容塑造

任务导入

小菲是某高校文秘专业的毕业生,毕业后就职于一家公司做文员。为适应工作需要,小菲在上班时为自己化起了整洁、漂亮、端庄的"白领丽人妆":不脱色粉底液,修饰自然、稍带棱角的眉毛,与服装色系搭配的灰度高、偏浅色的眼影,紧贴上睫毛根部描画的灰棕色眼线,黑色自然型睫毛,再加上自然的唇型和略显浓艳的唇色,虽然化了妆,却好似没化妆,整个妆容清爽自然,尽显自信、成熟、干练的气质。但在休息日,她又会给自己化上"清纯少女妆":粉蓝或粉绿、粉红、粉黄、粉白等颜色的眼影,彩色系列的睫毛膏和眼线,粉红或粉橘的腮红,自然系的唇彩或唇釉,看上去青春洋溢、鲜亮淡雅,整个身心都倍感轻松。

心情好,自然工作效率就高。一年来,小菲在自己得体的外在形象、勤奋的工作态度下,赢得了公司同事的好评。

思考:你如何评价小菲的两种妆容?对"化妆不只是一门技术,还是一门艺术、一种生活"这句话,你是如何理解的?

背景知识

作为窗口行业的服务人员,适当的淡妆是非常有必要的,以淡雅风格的妆容上岗,不但展示了服务人员良好的精神面貌,也是对乘客有礼貌的体现,有助于表现服务人员爱岗敬业的精神,同时,提升了乘客对地铁服务的认同感和满意度,塑造了良好的企业形象。

一、化妆原则

化妆的整体原则应是:美观、自然、得体、协调。

1. 自然淡雅

妆容应该自然大方、朴实淡雅,不要有明显化过妆的痕迹。底妆厚重、色彩过白、烟熏妆、眼线过重等,都会使他人感到很不自然。

2. 扬长避短

职业妆容要能展现自己的优点,通过化妆技巧将自己面部不太满意的部位进行修饰,以达到美观、自然、和谐的效果。

3. 整体协调

职业妆容不仅要在妆面上协调,而且应与服饰、所处的场合及身份等相协调。

二、化妆禁忌

服务人员在进行妆容修饰时要避免一些错误做法,常见的化妆禁忌主要有以下几方面:

1. 离奇出众的创意妆

服务人员在化职业妆时不能脱离自己的职业定位,更不能追求怪异、神秘的妆容,使人感觉过于突出、另类。

2. 以残妆示人

出汗、休息或用餐后容易出现脱妆,这种情况容易给别人留下懒散、邋遢的印象,所以服务人员要注意及时补妆。

3. 当众化妆

化妆属于个人隐私,原则上应在家中完成化妆过程。临时需要补妆时也应在隐蔽场所完成。

三、基础护理

面部肌肤是最微妙、最敏感的,因此需要进行护理。通常,人们首先注意的是我们的脸。每天空气中的粉尘、彩妆以及皮肤本身的分泌物,都会覆盖在皮肤表面,阻塞毛孔,进而造成皮肤的不健康。因此,面部护理是极其重要的事情,我们应养成健康的生活方式,进行有规律的日常护理。

1. 清洁

清洁是基础保养的第一步,将皮肤上的污垢去除。清洁做得不够彻底,往往会造成毛囊阻塞,使皮肤看起来粗糙、没有光泽,更可能产生粉刺等皮肤问题。因此,选择合适的清洁用品,并使用正确的洁面方法是非常重要的。这样才能保有健康美丽的肌肤。

应当选择专业的洁面产品,并根据肤质使用洗面奶。油性肤质要用净化平衡洁面乳,中性肤质要用活性嫩肤洁面乳等。对面部进行适度按摩,促进血液循环,让肌肤在那些柔滑的泡沫里得到彻底清洁。

2. 平衡柔肤

使用平衡柔肤性产品,可以起到再次清洁的作用,还可以有效收敛在洁肤过程中受到刺激而微张的面部毛孔。另外,皮肤表面的皮脂膜能保护肌肤不受细菌、微生物的侵扰,但洗脸时可能会破坏皮脂膜的酸碱度,使肌肤抵抗外物的能力减弱,因此,需要以爽肤水来恢复皮肤的天然酸碱质。

3. 滋润

基础保养的第三步是滋润,使用适量的润肤乳,为肌肤提供所需的营养成分和水分,让肌肤拥有健康的肤质与弹性,呈现亮丽动人的神采。

4. 防护

防晒和隔离是防止皮肤老化非常重要的一个环节,它能在皮肤表面形成一层保护膜,避免皮肤受到外界不良环境因素的伤害。

无论是男士还是女士,都需要保护我们的面部肌肤,做好日常护理。当然,男士在皮肤护理时,更喜欢简单、直接而有效的产品,男士在护肤时更崇尚"简单、快捷、有效"的原则。

此外,想要肌肤健康,还需要做到以下几点:
(1)保证充足的水分。每天喝6～8杯白开水,切不可口渴了才喝水。
(2)保证充足的睡眠。保持良好的作息习惯,每天23点前睡觉,不熬夜。保证6～8小时的睡眠。
(3)养成良好的饮食习惯。饮食清淡、均衡,少喝冷饮。
(4)保持良好的心情。心态健康,心情愉快,培养自己的心理调节能力。
(5)正确选择护肤及彩妆用品。依据肤质,选择适合自己的护肤品和化妆品。

四、职场妆容打造

服务人员在工作中应该保持洁净、卫生、自然且修饰得当的仪容。修饰时需强调自己面容以及身体的优势,形象端正。

1. 女士职场妆容打造

化妆是现代女性生活中的一个必备技能。适度得体的妆容,可以展现女性端庄、美丽、温柔、精致的气质,有助于表现服务人员自尊自爱、爱岗敬业的精神和训练有素的职业素养。

具体化妆步骤有六步。

1)底妆

底妆是整个妆容的基础,它决定了妆容的整体质量。想要拥有好的底妆,我们需要根据肤质选择合适的化妆品,根据肤色选择适合的粉底及面部遮瑕。

底妆

首先,完美底妆需要从调整素颜肌肤开始,如果肌肤滋润度不够,再贵的粉底上妆效果都会大打折扣。因此,使用粉底前,需要充分润肤,涂抹充足的化妆水、乳液和面霜。

其次,将粉底用手或半湿润的海绵均匀地从上至下、由内而外地拍打涂抹面部。鼻翼、眼周、上下眼睑和嘴唇等部位,用无名指或海绵轻轻按压,让粉底更贴合肌肤。一般是在全脸上完底妆后,在脸部有瑕疵的地方再用遮瑕膏进行局部遮盖。遮瑕完成后,用化妆刷在面部轻轻扫一层定妆粉,底妆基本就完成了。

2)眉妆

眉毛是影响容貌的重要部位,对一个人的气质有很大影响。

眉毛可以根据脸型变化出多种眉型。不过想要客观地判断出自己的脸型并不是那么容易。因此,可以试着先把自己的眉峰塑造得饱满些,打造接近一字形的基本眉型,然后再慢慢调整,找到适合自己脸型的眉型。

为了画出基本的一字眉,首先要掌握哪一部分应该用眉笔画,哪一部分用镊子或是修眉刀去掉。用眉笔画眉毛时先填充眉头比较空的地方,然后最大化地收拢眉尾下面眉毛较空的地方,画出眉尖之后再填补一下,就接近一字眉形了。

从鼻孔部位画一条竖直线,眉头从与直线相交的地方开始的眉形是最佳的。有棱角会显得不自然,需要将前面的部分修整成比较柔和的曲线。眉峰较高容易给人强势的感觉,可以稍微"削平"眉峰。如果眉尾相对眉头过于下垂,可以用镊子将这部分的眉毛拔掉,或用修眉刀将其刮掉。

眉妆

3)眼妆

职场妆容中最难的部分就是眼妆,需要娴熟的化妆手法才能呈现美观自然的眼妆效果。

工作场所应以清新、简洁、干练、有神的眼妆为主。体现职业感的眼妆颜色有天蓝色、浅紫色、灰黑色、咖啡色、高光色等。

第一,眼影。职场妆容的眼影部分常用渐层法来打造,因其画出来的眼影层次过渡明显,在色彩的表达上也比较丰富。下面介绍它的具体步骤:首先,打造基础眼影。在上眼睑涂刷浅色眼影,可以画满整个眼眶。其次,画第二层眼影。贴着睫毛根部用深色的眼影往上画满 1/2 的眼睑,使两层眼影自然融合。最后,加上高光。在眼部突起的地方将高光色眼影涂上,同时可在眉骨突出的地方轻轻点抹。

第二,眼线。眼线可以提亮双眼,使眼睛更有神。画基础眼线的步骤:先用棉签把眼皮轻轻向上抬,露出睫毛根部位置,把内眼线画好,让睫毛根部没有空白之后,再画外眼线。我们可以选择"点描法",也就是在贴近睫毛根部,用眼线笔一点一点描绘出大体的轮廓。点出轮廓之后,用眼线笔再轻轻描几遍就能画出一个自然又好看的眼线了。画眼线一般使用眼线笔或者眼线液。

眼妆

眼线笔更方便,更容易上手,适合新手使用,但是容易晕染,持妆效果不够好,尤其是油性肌肤的女性使用眼线笔晕妆会更快。眼线液防水效果比较好,上妆之后比较持久,但是不容易操作,适合能够熟练画眼线的女性使用。除了黑色眼线笔之外,还有棕色、红棕色等彩色眼线笔,清新的妆容可以选择淡色眼线。

4)腮红

腮红是化妆一宝,将它涂在手背上时无法看出效果,只有涂在脸上,才能呈现出红润的颜色。腮红的范围不是固定的,可以根据自己的脸型或是自己想要的效果相应地改变。腮红一般选择颧骨部位,即微笑时两颊突起的位置。可以选择有高光或细腻珠光的腮红,在苹果肌打圈上妆,打造出饱满的视觉效果;或用腮红刷斜向上晕染,提升面部立体妆感。

腮红

打基本腮红有三种手法。第一种,圆形腮红。圆形腮红是日系打法,以确定好的腮红位置为中心,蘸取适量腮红,打圈。要注意打圈尽量小;少量多次,每一次蘸取的腮红都要完全晕染开再蘸取第二次。圆形腮红可爱甜美,有减龄效果,适合长脸和鹅蛋脸。第二种是横扫。以确定好的腮红点为中心,用刷子蘸取腮红从颧骨内侧水平扫至耳际。横扫的效果减龄柔和,可以拉宽脸颊,适合鹅蛋脸和长脸,但不适合圆脸和比较短的脸型。第三种是斜扫。斜扫是比较大气的刷法,需要确认好两个点,一个是腮红点,另一个是太阳穴点,用腮红刷蘸取腮红从颧骨最高处轻扫至太阳穴。斜扫比较大气成熟,能够提拉脸部轮廓,几乎适合所有脸型。

5)唇妆

唇妆是指唇部的美容化妆,应纯正而富有光泽。

我们可以根据自身的情况选择不同颜色的唇妆。嘴唇丰满者适合用透明、红润的唇妆。嘴唇偏薄者的唇妆可用两种色彩的唇线笔做修饰,先用唇线笔画出唇线,抹上唇膏,再用一支白色或米色的唇线笔在上唇描出唇线,加深轮廓。

唇妆

"填充式"涂抹法是涂抹唇类产品的基本办法,使唇部优雅和性感。首先,用唇刷充分蘸取口红,然后利用唇刷的扁平宽面,从下嘴唇的内侧到外侧一次性涂抹,上嘴唇也以同样的方法涂抹。注意,唇线部分需要涂得干净利索,让唇线看起来自然。如果想让唇妆更加持久,可以用干净的纸巾在嘴唇上轻轻敷一下。

6)修容

修容

人的面部轮廓一般是凹凸不平的,有凸出来会更漂亮的地方,也有凹进去才会更漂亮的地方。修容就是用一些方法修饰轮廓,利用亮色会显得面部向外凸出,而暗色就会有往里凹陷的"错视现象"。通过颜色修饰,让整个面部轮廓更接近理想的"美人型"。那么我们这里说的,打造出向外凸出感觉的就是"高光",而能打造出向里凹陷感觉的就是"暗影"或"阴影"。

一般的肌肤可以选择有微小珠光粒子、散发隐隐光泽的高光产品。基本涂抹方法如下:先用高光刷的扁平侧面充分蘸取高光粉,然后将高光刷的扁平侧面轻轻放在需要涂抹高光的部位,让高光粉落在肌肤上,最后用化妆刷由内向外、近距离地在涂抹高光粉的地方移动,扫掉不需要的高光粉,自然绵延,分开界线。

打阴影的具体手法是,用比面部肤色暗的产品,涂在自己面部应该要稍微凹进去的地方,让这些部位看起来缩小或是像凹进去一样,诱导眼睛产生错视。因为每个阴影部位的"影子"浓度不一样,所以阴影产品不要只备一种颜色,最好是备有偏亮色和偏暗色两种产品。例如:鼻翼需要相对偏亮的阴影,而发际线周围要用略微偏暗的阴影,颧骨部位则选用中间色调的阴影效果会更好。

2. 男士职场面容修饰

1）眼部的修饰

眼部是被别人注意最多的地方，所以要时刻注意眼部的清洁，避免眼屎遗留在眼角，并让眼睛能够得到足够的休息。另外，在室内不宜佩戴墨镜。

2）鼻部的修饰

要注意清洁鼻子内外，不要让人看到"乌溜溜"的鼻孔。有鼻涕更要及时用手帕或纸巾擦干净。不应当众用手去擤鼻涕、挖鼻孔、乱弹或乱抹鼻垢，应用手帕或纸巾辅助进行，用完的纸巾要自觉地放到垃圾箱里。平时还要注意经常修剪鼻毛，不要让它在外面"显露"，也不要当众揪拔自己的鼻毛。

3）耳朵的修饰

耳孔里不仅有分泌物，还有灰尘，要经常进行耳部的清洁，但不能在工作岗位上进行。如果有耳毛的话，还要及时进行修剪。

4）胡须的修饰

职场男士应该把每天刮胡须作为自己的一个生活习惯。

5）牙齿的清洁

保持牙齿清洁，首先要坚持每天早晚刷牙。如果牙齿上有不易去除的牙垢，或是牙齿发黄，可以去医院或专业洗牙机构处理，以使牙齿看起来更加洁白、健康。不吸烟、不喝浓茶是防止牙齿变黄的有效方法。

3. 不同脸型的化妆技巧

每个人的脸型是没法改变的，对于不同的脸型，采用不同的化妆方法，却能产生特殊的效果，增添其美丽之感。

1）椭圆脸型

椭圆脸型是较理想的脸型，所以要尽量保持其完整。这一脸型的妆容要着重自然，不要有所掩饰。

眉毛：顺着眼睛把眉毛修成弧形，位置适中，不宜过高，眉头与内眼角齐。
腮红：抹在颧骨最高处，向后向上化开。
嘴唇：依自己的唇样涂成最自然的样子，除非嘴唇过大或过小。

2）长形脸型

这种脸型应利用化妆来增加面部宽阔感。

眉毛：位置不可太高而有角，眉尾尤不应高翘。

腮红：抹在颧骨的最高处与太阳穴下方所构成的曲线部位，然后向上向外抹，前端距离鼻子要远些。

嘴唇：可稍微涂厚些。

两颊下陷或窄小者，宜在该部位敷淡色粉底做成光影，使其显得较为丰满。

3）圆形脸型

这是一种可爱的脸型，要修饰成理想的椭圆形也不困难。

眉毛：不可平直和起角，应为自然的弧形，略微弯曲。

腮红：从颧骨一直延伸到下颚部，必要时可利用暗色粉底做成阴影。

嘴唇：部分上唇画成阔而浅的弓形，均匀涂成圆形小嘴。

4）方形脸型

这种脸型两边颧骨很突出，因此要设法加以掩饰。化妆时要注意增加柔和感，以掩饰脸上的方角。

眉毛：眉毛要稍阔而微弯，不可有角。

腮红：不妨涂得丰满一些，可用暗色粉底来改变面部轮廓。

5）三角形脸型

三角形脸型的额部较窄而两腮大，化妆秘诀跟圆脸、方形脸差不多。

眉毛：宜保持原状态。

腮红：由眼尾外方向下抹涂，两腮可用较深的粉底来掩饰。

嘴唇：唇角稍向上翘。

6）倒三角形脸型

此脸型与三角形脸型刚好相反，亦即人们所说的瓜子脸、心形脸，它的特点是上阔下尖。

眉毛：眉形应顺着眼睛的形状，不可向上倾斜。

腮红：涂在颧骨最高处，然后向上向后化开。

嘴唇：要显得柔和。

如果下巴显得特别尖小，脸的下部便要用浅色的粉底，而过宽的前额宜用较深的粉底。

任务4　城市轨道交通服务人员的服饰礼仪

任务导入

某商务代表团到外地开会，当地企业的一位女员工负责接待他们。当代表团成员见到这位30多岁的女士时不禁面面相觑,暗想:她怎么穿了一身童装啊!原来,该女士为了使自己显得年轻些,穿了一件绒布的带图案的上衣和一条花哨的七分裤,特别是上衣的领子和花边酷像童装的样式,反而弄了个适得其反。

思考:这位女员工的着装违背了哪些着装原则?

背景知识

从服饰出现的那天起,人们就已经将其社会身份、生活习俗、审美情趣等种种文化观念融入服饰中,服饰的面貌是社会历史风貌最直观最写实的反映。服饰作为人们的外观载体之一,同人类的发展相辅相成。服饰反映着个人的物质文化水平和心理内涵,服饰凸显人的主体性。

而在工作状态中,统一的服饰代表公司的精神面貌,能够提高企业形象,有利于人员的识别,能带给员工使命感及荣誉感,提高员工的工作效率,最重要的是,也会使服务对象产生对企业的依赖感和信任感。

城市轨道交通客运服务人员在服务过程中应当统一服饰,并遵循着装原则与规范。整洁、统一、得体、美观的服装,凝聚着企业的标准与规范,体现协调与和谐的团队精神,对外传递着企业尊严与企业信心,不仅让乘客感觉舒适得体,还体现了客运服务人员的品位和品质。服装具有自我表达功能,作为一名客运服务人员,着装要求规范,强调细节。规范着装就是在用无声的语言表达客运服务人员的专业素养,让乘客感觉"值得信赖"。

一、服饰礼仪的基本原则

1. 整洁原则

整洁干净是服饰礼仪的最基本原则。在任何情况下,服饰都应该是整洁的,衣服不能沾有污渍,不能有破洞,扣子等配件应齐全。一个穿着整洁的人总能给人以积极向上的感觉,并且表示出对交往对象的尊重和对社交活动的重视。

服饰礼仪的基本原则

2. 协调原则

正常的着装,应当统筹考虑、精心搭配、相互呼应,尽可能显得和谐、完美。一是着装应与年龄相符合。少女穿超短裙显得朝气蓬勃、热情奔放,中年女性穿上则显得不太庄重。二是着装应与职业相协调。如公务员着装应大方朴素,教师不宜穿着奇装异服。三是着装应与自身体型相协调。如浅色衣服有扩张作用,瘦人穿可产生丰满的效果;而深色衣服给人以收缩感,适合胖人穿。

3. TPO原则

TPO原则,即着装要考虑到时间(time)、地点(place)、目的(object),TPO即这三个英文单词的首字母。TPO原则要求人们在选择着装时，要与时间、季节相吻合，在不同时间，着装的类别、式样、造型应据此有所变化；要与所处场合、环境相吻合，根据地点的变化选择不同的服装；要根据不同的交往目的、交往对象选择服饰，给人留下良好的印象。

4. 服饰色彩搭配

服饰美是款式美、材质美和色彩美三者的完美统一。形、质、色三者相互衬托，构成服饰美的统一整体。而在生活中，色彩是最先引人注目的，因为色彩对人的视觉刺激最强烈、最快速，会给他人留下很深的印象。一方面，世界上的色彩种类有很多，如果选用恰当，与自身因素搭配好，就会给人不同的感觉。例如：白色表现淡雅、圣洁、纯净，不仅适合夏天穿着，而且适合于各种肤色的人；红色很鲜艳，代表喜庆、成功、胜利；黄色明亮，代表健康向上、天真活泼；蓝色为安全色，代表宁静、安分守己。另一方面，服饰颜色搭配得合理、恰当，会给人以整体和谐、舒展的感觉。一般而言，一身服饰的颜色不要超过三种，否则会给人以杂乱无章的感觉。肥胖的人适合穿戴颜色较深的服饰，也可以选用颜色反差小、质地好、垂直线条多的面料。瘦人则恰恰相反，适合穿戴颜色浅淡的服饰；如果是女士，也可以选用色彩鲜艳、质地粗糙的面料。矮个子女士可以选择颜色一致的紧身、小花、线条少、开领小的服装；高个子女士上衣最好穿得淡雅，下身则可以穿一些颜色较深的裤子或裙子，穿长裙也会很好看。

二、服饰礼仪的注意事项

(1) 进入室内场所应脱去帽子、大衣、雨衣和套鞋，并一起存放到存衣处。

(2) 男性在室内不允许戴手套、围围巾。女性在室内则允许穿戴礼服手套、帽子、披肩、短外套等作为服饰的一部分饰物。

(3) 穿礼服时，女性不应露出小腿或颜色不相称的袜子。

(4) 与他人握手时不得戴手套，但是女士如戴礼服手套除外。

(5) 不得穿内衣裤或睡衣裤迎接客人。

(6) 在较为正规、隆重的场合，最好不要戴手表，可选用精致的怀表；参加活动时不宜多看表。

(7) 穿露肩、胸或背的晚礼服赴会时，会场外应把裸露的部分用披肩、斗篷等遮掩起来。进入会场后，披肩才可以脱下。

(8) 手套与手包都不能放于餐桌之上，手包可以挂到架子上或挂在餐桌底下或椅子靠背处。

(9) 拿餐具时手套应脱下，脱下的手套可以放在手包中或膝盖上或椅子背后。

(10) 男性打招呼、说话、用餐时均应脱帽，男士打招呼时脱帽是一种传统的礼仪。

(11) 结婚戒指和订婚戒指不应戴在手套上，但装饰性戒指除外。

三、客运服务人员着装的禁忌

1. 切忌过分艳丽

城市轨道交通客运服务人员的女性打扮应该以庄重保守为佳,避免佩戴过分夸张的配饰,男性不着颜色艳丽的内搭,例如紫色、黄色等。

2. 切忌过分短小暴露

一般公司配发的服装是量身定制的,不允许工作人员私自改板。而部分女性员工为了美丽,将裙子改短,或将裤子改为紧身;部分男性会将裤子修改为九分裤、紧身裤等。这些更改虽然可能更好看,但会给人不庄重、不雅致的感觉,也显得对工作不尊重。

3. 切忌过分紧身

得体的工作服着装不仅显示出对乘客的尊重,同时也代表着公司形象。尤其是客运服务人员在工作中需要经常弯腰、下蹲等,不能穿不便于工作的过于紧身的衣服。

4. 切忌过分杂乱

着装过于杂乱是指不按照正式场合的规范化要求着装。杂乱的着装极易给人留下不良的印象,容易使客户对企业的规范化程度产生疑虑。

四、客运服务人员制服着装

1. 制服着装礼仪要求

(1)总的要求是美观、得体、自然、协调,提倡朴素大方,保持仪表端庄、仪容整洁,表现出稳重、大方、干练、富有涵养的工作人员形象。
(2)根据工作装着装标准,统一穿着制服,佩戴配饰。
(3)着制服时,不得乱穿、混穿,保持衣着整洁、无褶皱。
(4)上班期间穿黑色(或其他深色)皮鞋,穿深色或接近肤色的袜子,工作鞋须保持清洁、光亮。
(5)胸前除佩戴口哨和工号牌外,不可悬挂其他物品。
(6)季节更替时,由部门统一通知更换工作装,员工着装应以车站为单位统一。

2. 车站客运服务人员工作装的基本配置

工作装一般由制式上衣、制式裤、马甲、长袖衬衫、短袖衬衫、制式中长大衣、春秋皮鞋、夏装皮鞋、冬装皮鞋组成。配饰一般由岗位牌、工号牌、制式帽、头花、领带、丝巾等组成。

1)女式制服穿着标准

(1)上班时间应按规定统一穿着工作制服,制服要熨烫挺括,衣着整洁,不缺扣,无褶皱,不立领,不卷袖挽裤(见图 2-6)。

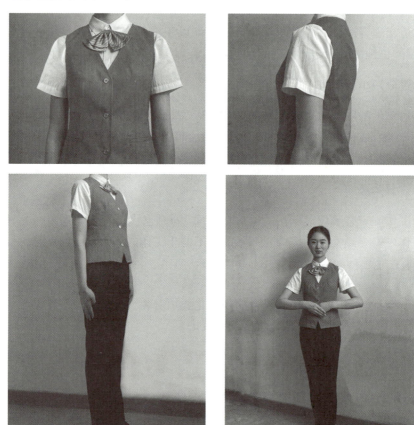

图 2-6　女士制服穿着标准

(2)女员工穿马甲、外套等秋冬装时,衬衣应束进裤、裙内。

(3)女员工上班期间穿黑色(或其他深色)正装皮鞋,鞋跟高度 3~5 厘米,不得穿拖鞋、凉鞋及其他裸露脚趾的鞋。

(4)女员工上班期间不得佩戴手镯、手链、脚链等饰物,项链不露出衣领口。

(5)女士佩戴春秋帽时,帽子向左倾斜约 15°,边缘低处距眉毛上沿 1~2 厘米;佩戴夏帽时,需扶正帽徽,帽檐与眉毛上沿平齐。

(6)女士丝巾按照规定打法佩戴。丝巾打平结,将丝巾沿对角线对折,以 5 厘米宽度内折 3~4 次,打平结并将平结放在脖子左侧,一个结尾朝前方,另一个结尾与肩平行。平结打法如图 2-7 所示。

(7)工号牌佩戴在左胸上方相应位置(见图 2-8)。

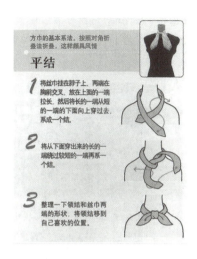 

图 2-7　丝巾的平结打法　　　　图 2-8　工号牌佩戴要求

2）男式制服穿着标准

(1) 上班时间应按规定统一穿着工作制服,制服要熨烫挺括,衣着整洁,不缺扣,无褶皱,不立领,不卷袖挽裤(见图 2-9)。男员工穿着夏装时,衬衣要求束进裤内,系紧皮带。着裤装时,佩戴黑色(或其他深色)皮带。

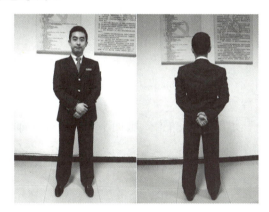

图 2-9　男士制服穿着标准

(2) 穿着衬衣时,衬衣干净,领口、袖口无污迹,衬衣袖口必须扣上,袖口不可卷起,衬衣扣不得漏扣或缺扣。男员工衬衣下沿应束进裤内,系紧皮带。

(3) 男员工上班期间需穿黑色(或其他深色)皮鞋,鞋面干净明亮。

(4) 男士佩戴制式帽时,需扶正帽徽,帽檐与眉毛上沿平齐,对准正前方。

(5) 佩戴统一发放的领带。领带要经常清洗熨烫。男员工用领带夹固定领带,一般在衬衣第三粒到第四粒扣子间。领带结要端正、饱满、干净,冬季应置于毛衣(限 V 字领)内。系好后的领带长度以盖住皮带扣为宜。

(6) 男士领带按照规定打法佩戴。领带参照双交叉结的标准打法:大领跨至小领之上,再把大领翻出,从右至左,随后把大领绕过衣领下的菱形区块,接着将大领拉至右边,并按压好,最后再将大领穿过衣领下的菱形区块,并束紧领结。领带的打法示例如图 2-10 所示。

(7)工号牌佩戴在左胸口袋上沿中部,下沿与口袋上沿平行,无口袋时佩戴在左胸上方相应位置(见图 2-11)。

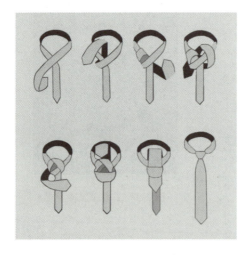

图 2-10　领带的打法示例

图 2-11　工号牌佩戴要求

3)无制服人员(如新进员工、实习生)着装标准

(1)总体原则:搭配合理、整洁大方。
(2)色系标准:以黑、白、灰等色系为主,避免穿着红色、绿色、黄色等颜色鲜艳的衣服。
(3)着装标准:
上衣:着装规范、整洁,不能穿短装和带帽衫。
裤子:黑色、藏青色西裤或休闲裤。
鞋子:黑色皮鞋,女士鞋跟不超过 3 厘米,鞋面不能有夸张的饰品。
(4)着装规定:
夏装:上衣必须以有领有袖的 T 恤、衬衫为主,下着裤装、黑色皮鞋(不得露出脚跟和脚趾)。
春秋装:上衣以休闲西装、正装外套、夹克为主;下着裤装、黑色皮鞋或短靴。
冬装:上衣以冬季外套为主,长度不超过膝盖,内穿毛衣或御寒衣服不得高出大衣衣领,禁止佩戴围巾、围脖、帽子等;下着裤装、黑色皮鞋或短靴。
便装:外面统一着公司配发的马甲或佩戴袖章等服务标识。

思考与练习

1. 气质的表现有哪些?
2. 仪容礼仪的要求有哪些?
3. 化妆禁忌包括哪些?
4. 职场妆容的化妆步骤有哪些?

5. 着装的基本原则有哪些？
6. TPO 原则的内涵是什么？
7. 女士制服的着装标准有哪些？
8. 无制服人员着装标准有哪些？

实训工单 2.1　气质训练

专业		班级	
实训类别	☐个人实训	姓名	
	☐小组实训	小组成员	

一、实训目标

了解自己的气质特点,找到提升途径。

二、实训所需基础知识

气质的内涵、表现以及特点。

三、实训要求

1. 一个人的气质存在于日常行为中,存在于真实生活的每一处细节里。我们需要从生活习惯、为人处事、思维模式等地方入手,提升自己的气质。请学生对照以下表格,检查自己的日常行为。

气质对照表

有气质	不怎么有气质
姿态端庄	懒懒散散
谈吐清晰	哼哼唧唧
直视对方	眼神飘忽
穿着得体	衣冠不整
容颜整洁	蓬头垢面
能控制脾气	轻易就争辩
会倾听	愿说不愿听
友善宽容	逞强好胜
用语文明	用语不文明
懂得丰富自己的知识	不爱学习、不思上进
享受食物	吃东西匆匆忙忙
对所做的每件事充满自豪感	遇事先考量自己能从中获得什么好处
懂得享受好时光	时常手忙脚乱
逆境中坚持信仰	总看到最坏的一面

2. 根据上表,检查自己的日常行为是否体现了气质美,以小组为单位:

(1)总结撰写以"气质形象的提升途径"为主题(题目不限)的文案;

(2)选择小组发言人进行汇报;

(3)针对师生点评,修改文案;

(4)上交最终文案。

续表

四、评分标准

序号	标准	得分	备注
1	小组全员参与讨论,各司其职,集体荣誉感强(10分)		
2	在规定时间内完成自查、讨论,并形成文案初稿(20分)		
3	文案汇报时体现站务人员良好的体态(10分)		
4	文案中提出的观点正确、可行(30分)		
5	文案终稿质量(30分)		
	总分		

实训工单 2.2　仪容与发型实训

专业		班级	
实训类别	☐个人实训	姓名	
	☐小组实训	小组成员	

一、实训目标

掌握仪容与发型的基本要求,体现城市轨道交通服务人员精神风貌,形成高雅审美情趣。

二、实训所需基础知识

1.男女士发型的基本要求;

2.男女士妆容要求。

三、实训要求

1.城市轨道交通服务人员在上岗前,都要进行仪容检查,请对照以下表格,以小组为单位,相互检查仪容。

面部要求	脸部	面部无泪痕、无汗渍、无灰尘等。注意及时清理眼角、鼻孔、耳朵、嘴角、牙缝等处的细微残留物
	头发	男生头发长度均前不及眉、后不及领、侧不及耳,修剪得体,轮廓分明。女生短发后不过肩、前不盖眼,干净整齐,发色自然,发型美观大方;女生盘发完成发型的整体效果,并适合自己的脸型,刘海的处理起到了遮盖、衬托等作用。两鬓光洁、无鬓角;男女头发均应梳理整齐,使用发胶定型,不得有蓬乱的感觉
	眼睛	保证眼角无分泌物、无睡意、不充血、不斜视、清爽明亮;不戴墨镜或有色眼镜;女性不用人造假睫毛,不化烟熏妆和浓眼影
	耳朵	保证耳朵内外干净,无耳屎,不佩戴过分夸张的耳环,男士不能佩戴耳钉等
	鼻子	鼻孔干净,不流鼻涕,鼻毛不外露;不当众挖鼻孔、擤鼻涕
	胡子	男士不能留胡须,每天要刮胡子,保持嘴部周围干净
	嘴	口中无异味、嘴角无脏污,不嚼口香糖;上班时不吃刺激性食物;女性不用深色或浓重口红
	牙齿	牙齿整齐洁白、无食物残留物;餐后刷牙,并尽量避免吃一些带有刺激性气味的食物,如葱、蒜、韭菜等;吸烟男士定期除掉牙齿上的烟垢

2.根据上表,检查自己的日常仪容礼仪是否得体,以小组为单位,总结应从哪些方面注意自己的日常仪容礼仪:

(1)总结撰写以"提升仪容"为主题(题目不限)的文案;

(2)选择小组发言人进行汇报;

(3)针对师生点评,修改文案;

(4)上交最终文案。

续表

四、评分标准

序号	标准	得分	备注
1	小组全员参与讨论,各司其职,集体荣誉感强(10分)		
2	在规定时间内完成自查、讨论,并形成文案初稿(20分)		
3	文案汇报时体现站务人员良好的体态(10分)		
4	文案中提出的观点正确、可行(30分)		
5	文案终稿质量(30分)		
总分			

实训工单 2.3　面容修饰实训

专业		班级	
实训类别	□个人实训	姓名	
	□小组实训	小组成员	

一、实训目标

掌握化妆的技巧，体现城市轨道交通服务人员精神风貌，展现服务窗口特色。

二、实训所需基础知识

1. 女士职场妆容化妆步骤；

2. 不同脸型的化妆技巧；

3. 男士职场面容修饰内容；

4. 化妆的禁忌。

三、实训要求

在班级举办一次化妆大赛，学生共同学习和分享彼此的化妆经验和心得。

(1)学生自由分组，每组不超过 6 人，组内学生互助化妆，每个学生均需化妆；

(2)每个小组中推选 1 名男生和 1 名女生，参与评选，评选标准如下。

项目	细节要求	配分
男士面部妆容	不留胡须及长鬓角，面部干净，牙齿整齐洁白，耳朵、鼻子内干净，鼻毛不外露	24
男士总体印象	整体效果干净美观	6
女士面部妆容	淡妆，上底妆时涂抹均匀，眼影、眼线涂抹均匀、无残缺；选用色彩合适的眉笔，眉形搭配合理；腮红色彩选择恰当，晕染均匀；唇彩与腮红色系一致，轮廓饱满明亮	24
女士总体印象	妆面整体效果干净美观	6
合计		60

(3)每个小组中推选 1 名同学分享化妆心得。

四、评分标准

序号	项目	标准	得分	备注
1	小组表现	小组全员参与，互帮互助，氛围融洽，集体荣誉感强(20 分)		
2	化妆评比	根据化妆评选表得分，满分 60 分		
3	经验分享	经验真诚实用，效果好(20 分)		
总分				

实训工单 2.4　领带与丝巾打法实训

专业			班级	
实训类别	□个人实训		姓名	
	□小组实训		小组成员	

一、实训目标

掌握打丝巾和系领带的技巧,体现城市轨道交通服务人员精神风貌,展现服务窗口特色。

二、实训所需基础知识

1. 不同丝巾的打法;
2. 不同领带的打法。

三、实训要求

练习所学丝巾和领带的打法,随机抽取两种进行考核,男生考核领带打法,女生考核丝巾打法。

四、评分标准

项目		标准	得分	备注
丝巾/领带	□小平结 □三角结 □钻石结 □花苞结 □小蝴蝶结 □玫瑰花结 □马车夫结 □浪漫结 □温莎结 □王子结 □其他	1. 动作熟练,一次成功(40分,每试错一次扣10分)		
		2. 美观牢固,不松散(40分)		
		3. 限时2分钟内完成(20分,每超过10秒扣5分)		
总分				

实训工单 2.5　地铁制服着装实训

专业		班级	
实训类别	□个人实训	姓名	
	□小组实训	小组成员	

一、实训目标

掌握正确的制服着装规范,展示城市轨道交通服务人员职业形象。

二、实训所需基础知识

1. 服饰礼仪的基本原则;

2. 客运服务人员制服着装要求。

三、实训要求

分小组搜集国内外城市轨道交通制服并进行展示,感受制服设计理念,学习制服穿着技巧。要求:

(1)小组人数不超过 6 人,每个学生搜集至少一个城市的地铁制服,并在展示 PPT 中进行标注,如"武汉地铁制服,收集人:张三";

(2)收集地铁制服不得重复;

(3)对收集到的地铁制服进行展示和分析,如制服在颜色选择上的偏好、款式设计的特点、丝巾领带的打法、材质的选择、设计理念、logo 含义等。

四、评分标准

序号	项目	标准	得分	备注
1	收集成果	根据要求收集相应数量的地铁制服图片,了解其设计理念和风格,分析地铁制服特色(40 分)		
2	展示效果	PPT 制作精美,表达流畅,整体效果好(40 分)		
3	独立性	与其他小组收集的内容不重复,能根据收集内容做出独立分析,分析不雷同(20 分)		
	总分			

模块 3　城市轨道交通服务人员仪态礼仪

模块描述

本模块主要是帮助学生掌握城市轨道交通服务人员仪态礼仪，掌握表情、站、坐、行、蹲、手势、鞠躬等礼仪动作，塑造良好的服务形象，树立窗口服务意识。

教学目标

1. 思政目标

通过本模块的学习，帮助学生树立健康的审美情趣，形成良好的行为习惯。

2. 知识目标

掌握表情管理的基本知识，掌握微笑、站姿、坐姿、行姿、蹲姿、手势、鞠躬的礼仪要求和禁忌。

3. 能力目标

能进行微笑服务，能正确识别乘客表情；能够展现正确的仪态礼仪，能用正确的手势服务乘客。

4. 素质目标

能形成良好的行为习惯，展现城市轨道交通客运服务人员的精神风貌和职业形象。

仪态也叫仪姿、姿态,泛指人们身体所呈现出的各种姿态,它包括举止动作、神态表情和相对静止的体态。人们的面部表情、体态变化、举手投足都可以表达思想感情。仪态是表现个人涵养的一面镜子,也是构成一个人外在美的主要因素。

任务 1　表情礼仪

任务导入

武汉地铁 2015 年启动"微笑服务"品牌创建工作,精心打磨运营服务各个环节,力争用有温度的服务满足乘客出行需求。2018 年 3 月,武汉地铁"微笑服务"被交通运输部授予"中国运输领袖品牌"荣誉称号。2021 年 5 月 8 日,武汉地铁运营有限公司客运二中心线路三部在轨道交通 11 号线葛店南站举行"微笑 21 天挑战赛"活动,旨在让员工把微笑服务融入工作习惯,更好地帮助乘客出行。

不仅武汉地铁,各个地铁企业纷纷开展"微笑服务",微笑到底有什么魅力呢?

背景知识

城市轨道交通服务行业,是一个与人面对面打交道的行业,城市轨道交通客运服务人员,在服务乘客的过程中,应该运用恰当的表情、神态向乘客传递出热情友好、诚实可信的服务态度。

在人际交往中,表情真实可信地反映着人们的思想、情感及其心理活动与变化。而且,表情传达的感情信息要比语言巧妙得多。因此,学会控制自己的表情,同时学会识别乘客的表情,是城市轨道交通客运服务人员应当掌握的技能。当然把握表情,并不是一件容易的事。从大体上说,人的眼神、笑容、面容是表达感情最主要的三个方面。美国心理学家艾伯特·梅拉比安把人的感情表达效果总结为一个公式:"感情的表达=语言(7%)+声音(38%)+表情(55%)"。由这个公式可见表情的重要性。

一、表情的特征

1. 共同性

达尔文在《人类和动物的表情》一书中指出,现代人类的表情动作是人类祖先遗传下来的,因而人类的原始表情具有全人类性。这种全人类性使得表情成了当今社交活动中少数能够超越文化和地域的交际手段之一。如北京奥运会,张艺谋导演展现了全世界各地儿童欢乐的笑脸，体现出中国推动世界和平、共建美好世界的愿望。表情，是一种"世界语"。

2. 真实性

除去演员等特殊职业，一般情况下，表情就像文字一样，可以将我们的内心世界表达出来。有一门学科"微表情"，研究的就是人在瞬间闪现的面部表情，能揭示人的真实感情和情绪。微表情还被应用到审讯活动中，这正是表情真实性的体现。

3. 复杂性

人是复杂的，人的情绪也包含喜怒哀乐等，这些都可以从表情中体现出来。心理学家指出，眉毛有20多种动态，表达不同的情绪。如：单眉上扬，表示不理解、有疑问；双眉上扬，表示兴奋、惊讶等。

二、表情的构成

1. 头部姿势

头部的不同动作传递的含义十分丰富。
头部端正：自信，严肃，正派，有精神。
头部向上：希望。
头部向下：谦逊、内疚和沉思。
头部向前：倾听，希望，同情和关心。
头部向后：惊奇，惊恐，退让和迟疑。
点头：同意、回应。
摇头：不同意。

2. 眉毛

眉毛在面部占有重要的位置，眉毛的舒展、收拢等都能传递出情感。如"眉飞色舞""挤眉弄眼"就是用眉毛的形态，表达人的感情。
双眉上扬：非常兴奋，极度惊讶。
单眉上扬：不理解，有疑问。
皱眉：不同意，烦恼，盛怒，不赞成。
眉毛上下活动：心情愉悦，内心赞同。
眉毛闪动：加强语气，表示欢迎。
眉角下拉：极端愤怒，异常气恼。
眉毛抬高：难以置信，大吃一惊。
眉毛放低：疑惑，怒气。
眉头紧锁：犹豫，思考。

3. 眼神

眼神是对眼睛总体活动的一种统称。真诚、热情的目光给人以尊重之感；游离不定、狡黠的目光会使人产生不信任的感觉。这就要求轨道交通客运服务人员，在服务乘客的过程中，注意眼神、目光的使用，一般来说，要注意注视的方式、部位、角度和时间。

1）注视的方式

直视：直接注视交往对象，表示认真、尊重，适用于各种情况。直视他人双眼，称为对视。对视表明自己大方、坦诚、关注对方，但直视的时间不宜过长，以避免尴尬。

环视：有节奏地注视不同的人员、事物，表示认真、重视。当与多个乘客交流时，应运用此眼神，表示"一视同仁"。同时，在站厅、站台巡视时，也可以运用此眼神，及时关注乘客动态。

扫视：目光移来移去，注视时上下左右反复打量，表示好奇、吃惊。此眼神不宜多用，尤其对异性禁用。

盯视：即长时间地凝视某人的某一部位，表示出神、惊讶、挑衅，不宜多用。

2）注视的部位

公务型注视：是指在进行业务洽谈、商务谈判、布置任务等谈话时采用的注视区间。这一区间的范围一般是以两眼连线为底边，以前额上部为顶点所连接成的三角区域。由于注视这一部位能造成严肃认真、居高临下、压住对方的效果，所以常为企图处于优势的商人、外交人员、指挥员所采用，以便帮助他们掌握谈话的主动权和控制权，如图3-1中白色虚线所示三角区域。

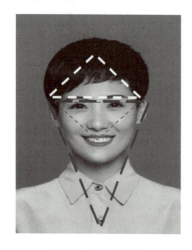

图3-1 注视的部位

社交型注视：指人们在普通的社交场合采用的注视区间。其范围是以两眼为上限，以下颌为顶点所连接成的倒三角区域，如图3-1中黑色细虚线所示区域。由于注视这个区域容易形成平等感，因此，常在茶话会、舞会、酒会、联欢会以及其他一般社交场合使用。注视谈话者这一区域，会让对方轻松自然，因此，他们能比较自由地将自己的观点、见解发表出来。

亲密型注视：指具有亲密关系的人在交谈时采用的注视区间，主要是对方眼部到胸部的区域，表示亲近、友善，多用于亲人或恋人之间，如图3-1中黑色粗虚线所示区域。

在服务乘客的过程中，城市轨道交通客运服务人员注视乘客眼睛，可以表达出对乘客的尊敬和重视，但注视的时间不宜过久，避免尴尬。长时间交谈时，以散点、柔视为宜，可注视对方脸部的下三角部位和脖子部位，即眼睛以下、脖子以上，但不能只盯着某处。特别要注意的是，如果没有任何理由地去注视、打量乘客的头顶、胸部、腹部、臀部或大腿，都是失礼的表现。当对方是异性时,注视以上"禁区",还会引起对方的强烈反感。

3)注视的角度

平视:也称正视,即视线呈水平状态。适用于普通场合,与身份、地位平等之人进行交往,是一种常见的目光使用方式。在轨道交通服务行业中,为了体现出对乘客的尊重,一般与坐轮椅的乘客、儿童乘客交流时,都应采用蹲下来,与乘客目光平视的沟通方式。

俯视:向下注视他人,用于身居高处时,可表达对晚辈的宽容、怜爱,也可表达对他人的轻视、歧视。

仰视:抬眼往上注视他人,表示对对方的尊重、敬畏、服从等。

4)注视的时间

目光注视交流对象时间的长短及注视的方式代表着不同的含义。

表示友好:向对方表示友好时,应不时地注视对方。注视对方的时间占全部相处时间的1/3左右。

表示重视:向对方表示关注,应常常把目光投向对方那里。注视对方的时间约占相处时间的2/3。

表示轻视:目光常游离对方,注视对方的时间不到全部相处时间的1/3,就意味着轻视。

表示敌意:目光始终盯在对方身上,注视对方的时间占全部相处时间的2/3以上,被视为有敌意,或有寻衅滋事的嫌疑。

表示感兴趣:目光始终盯在对方身上,偶尔移开一下,注视对方的时间占全部相处时间的2/3以上,同样也可以表示对对方比较感兴趣。

4. 嘴部

在面部表情上,嘴的作用不可小视,即使嘴巴不"出声"时,也可以"说话"。

嘴唇闭拢:和谐宁静,端庄自然。

嘴唇半开:疑问,奇怪,有点惊讶。

嘴唇大开:惊骇。

嘴唇向上:善意,礼貌,喜悦。

噘嘴:生气,不满意。

嘴唇紧绷:愤怒,对抗。

三、微笑

微笑是世界共通的语言。利用笑容,可以消除彼此间的陌生感,打破交际障碍,为更好地沟通与交往创造有利的氛围。微笑的共性是面露喜悦之色,表情轻松愉快。但是,若发笑的方法不对,要么笑得比哭还难看,要么会显得非常假,甚至显得很虚伪。

1. 微笑的作用

(1) 微笑是一种乐观的情绪。客运服务人员面带微笑,既可以创造出一种和谐融洽的氛围,又可以使乘客倍感愉快和温暖。同时,也是热爱本职工作、乐业敬业的表现。

(2) 微笑能使自己充满自信。客运服务人员面带微笑,表明对自己的能力充满信心,遇到困难和挫折时,报之以微笑,使自己从容、镇定。以不卑不亢的态度为乘客提供服务。

(3) 微笑能表现出爱岗敬业。客运服务人员在工作岗位上面带微笑,说明自己热爱本职工作,乐于恪尽职守,乐于认真负责。

(4) 微笑有助于调解客我冲突。微笑具有化干戈为玉帛之功效。中国民间有两句人所共知的老话——"伸手不打笑脸人""一笑泯恩仇",讲的就是微笑所具有的化干戈为玉帛的作用。在一般情况下,当客运服务人员与旅客之间发生矛盾时,一方若能以微笑面对另一方,通常便不会进一步激化矛盾,有时,这样做还可以大事化小、小事化了,使双方的矛盾或误会冰消雪融。

(5) 微笑是人际交往中的润滑剂。人脸上的微笑,不仅在外观上给人以美感,还会使交往对象倍感亲切。心理学家指出:微笑多在交往双方初次面对面接触时出现。它是人们领会最快最好的一种情感,普遍含义是接纳对方、热情友善。客运服务人员若能以微笑服务开始,以微笑服务结束,必定会赢得乘客青睐。

(6) 微笑有益于身心健康。俗话说,"笑一笑,十年少",说的就是微笑有助于身心健康。笑口常开的人,不仅可以悦人,还可以益己,能给自己、给社会一种心理暗示,从而产生积极的反馈,使自己生活得开心、快乐。

2. 微笑的"四要"

俗话说,"相由心生",动人的微笑发自于内心,渗透着自己的情感。表里如一、毫无包装或矫饰的微笑才更具有感染力,才更能被别人真正地从心里接受。

1) 微笑要笑得自然

古人对微笑的解释为"因喜悦而开颜"。微笑是一种特殊的语言——"情绪语言",是美好心灵的外在体现。微笑需要发自内心,才能笑得自然、笑得亲切、笑得美好、笑得得体。客运服务人员要切记不能为了笑而笑,不想笑而装笑。

2) 微笑要笑得真诚

人类对笑容有着极强的辨别力,一个笑容是否发自内心、是否真诚,表达什么含义,人的直觉都能够敏锐地判断出来。真诚的微笑有助于保持积极心态,营造和谐的气氛,是良好人际关系的开始。真诚的微笑可以让对方内心感到温暖,引起对方的共鸣。如果客运服务人员在服务中把乘客当作自己的朋友、亲人,就能很自然地向他们发出会心的微笑、真诚的微笑。

3)微笑要看场合

通常,客运服务人员在为乘客服务时要求面带微笑,这可以使乘客感受到来自服务人员的重视、尊重,令乘客心情舒畅。但在少数情况下,客运服务人员面带微笑为旅客服务时,微笑则会显得很不合时宜,甚至招来旅客的反感或投诉。例如:当乘客发生不幸时、伤心时、情绪激动时、投诉时,这时客运服务人员应慎用微笑,而是要抱有同情的态度来安慰乘客或向乘客致歉,有效解决乘客问题。

4)微笑的程度要合适

微笑是向服务对象表示友好、尊重的一种礼节,虽然提倡客运人员在服务过程中多使用微笑,但并不是要求服务人员在服务的全过程中时时刻刻保持一成不变的微笑表情。微笑要恰到好处,比如:当乘客看向客运服务人员时,服务人员应直视乘客并向乘客微笑、点头示意;当乘客向客运服务人员发表意见时,服务人员可以一边认真倾听一边不时微笑。但是,若在服务过程中,服务人员不注意微笑的程度,过于放肆而没有节制时,就有失身份,容易引起乘客的反感。

3. 微笑的基本方法

1)微笑的动作要领

一要额部肌肉收缩,眉位向上提,眼轮匝肌放松;二要两侧颊肌和颧肌收缩,肌肉稍稍隆起;三要面部两侧笑肌收缩,并略向下拉伸,口轮匝肌放松;四要嘴角含笑并微微上提,嘴角似闭非闭,以不露牙齿或仅露不到半牙,尤其是不露出牙龈为宜;五要面含笑意,但笑容不显著,使嘴角微微向上翘起时,让嘴唇略呈弧形;六要注意不要牵动鼻子;七要不发出笑声。微笑根据情境可以分为一度微笑、二度微笑和三度微笑。

一度微笑:是指放松自己的面部肌肉,两眉自然舒展,眉尖微微上扬,双眼略睁大,目光柔和发亮。嘴角的两端略向上翘起,不露牙齿,也不发出声响,显出微微的笑意即可。

二度微笑:是指在一度微笑的基础上,嘴唇略呈弧形,适度露出牙齿,嘴角和眼神中均含有笑意。

三度微笑:是指在二度微笑的基础上,两腮肌肉向上飞扬,露出八颗牙齿,眉开眼笑,笑容灿烂。

当目光与乘客接触的瞬间,要目视对方,启动微笑。对一般乘客可启动一度微笑,对比较熟悉的乘客或在接待活动中可启动二度微笑。微笑的启动与收拢都必须做到自然,切忌突然用力启动和突然收拢。

2)微笑要和谐,必须整体配合

通常微笑时,除注意口形以外,还应注意与面部其他部位的相互配合。整体配合协调的微笑,应当是眼睛略微张大,目光明亮而有神,眉头自然舒展,眉毛微微向上。

3)力求表里如一

真正的微笑,理当具有丰富而有力度的内涵,它应当渗透着自己一定的情感,才能真正具有感染力,这就是所谓笑中有情,以笑传情。真正的微笑,还应当体现一个人内心深处的真、善、美。表现着自己心灵之美的微笑,才会有助于交往双方的彼此沟通与心理距离的缩短。真正的微笑,还应当是一种内心活动的自然流露。就是说,它应当首先是一种"心笑",应当来自人的内心深处,而且绝对无任何外来的包装。

4. 笑的禁忌

(1)假笑。

假笑就是在违背自己意愿的情况下做出的笑容,也就是平常所说的"皮笑肉不笑",给人以虚假的感觉。

(2)冷笑。

冷笑指含有轻蔑、讽刺、无可奈何、愠怒等意味的笑,通常是对他人的观点表示不赞同和不屑时的表现。冷笑容易使得对方产生敌意。

(3)怪笑。

怪笑指怪里怪气的笑,多含有恐吓、嘲讽之意,容易引起对方的反感。

(4)媚笑。

媚笑指为了讨好他人故意敷衍的笑,通常带有一定功利性的目的。

(5)窃笑。

窃笑是指暗自欢喜而又不体现在面部,多表示幸灾乐祸或看他人的笑话。

(6)怯笑。

怯笑指害羞或怯场的笑。笑的时候,用手捂嘴,不敢与他人进行眼神的交流,甚至还会面红耳赤,语无伦次。

(7)狞笑。

狞笑指凶狠恶毒的笑容,多表示愤怒、惊恐、吓唬他人之意。

5. 微笑服务的要点

1)摆正自己的位置,调整自己的心态

情绪由认识而生,要让客运服务人员绽放出自然而真诚的微笑,必须使其正确领会客我之间的关系,明确自己在工作岗位上扮演着"服务于人"的社会角色,只有建立对人、对己、对工作的合理认知之后,才能更好地为乘客提供服务。

客运服务人员有时会因为工作中乘客的误解,或因每天周而复始的工作而感到枯燥,致使自己产生或多或少的消极情绪,这属于正常现象,关键是自己要能够学会适时调节自我情绪,保持一种积极乐观的心态。

2)学会换位思考,进行自我调节

在服务工作中,有时服务人员做得非常努力,但是服务结果却不尽如人意;有时认为自己这么做是对的,但不能被服务对象所理解,这是为什么呢?因为人们总是习惯站在自己的角度看问题,没有学会换位思考。换位思考,就是要站在乘客的角度去思考问题,这样才能真正理解乘客的做法和处境。

3)疲劳时利用微笑来调控情绪

在疲劳时利用工作的间隙用微笑来做短暂的放松,能很好地缓解情绪。脸上时常挂着微笑,体现出来的是一种积极乐观的态度,在潜意识中给自己传递正能量。在疲惫时,可以想象过去或将来要发生的一些美好的事情或遇到的人;也可以对自己在工作中的表现给予肯定和自我奖励等,给自己一个大大的微笑。据了解,微笑能够很好地缓解情绪,有助于防止情绪的大幅度波动。因此,微笑不仅是用来献给别人的,也要时常给予我们自己,因为微笑本身就是一种非常好的自我调控心境的手段。

4)在发生不愉快时转移注意力

微笑,是一种愉快的心情的反映,也是一种礼貌和涵养的体现。工作中偶尔会出现一些令人不愉快的事情,在此情况下,为了避免不良情绪的进一步恶化,最好的办法就是转移注意力。俗话说,"一笑泯恩仇",真诚的微笑,既可以体现出客运服务人员心胸豁达,又能用微笑来化解矛盾。

5)坚信自己能做情绪的主人

客运服务人员要不断提高修养,坚信自己能够驾驭自己的情绪,不受消极情绪的影响。要想成为一个善于微笑的人,就要在生活中让自己成为一个快乐的人。不断提高修养、提高境界、拓宽心胸,这是一个人快乐的根本。只有心胸宽阔,才不会为一些鸡毛蒜皮的小事大动肝火;只有提高修养、境界,才能在工作中做到把真诚的微笑带给每一个人,最终我们才能成为自己情绪的主人。

微笑服务,应该从心开始,这也是文明优质服务的具体体现。客运服务人员真诚而甜美的微笑不是靠规章制度要求的,而是作为一个有修养、有礼貌的人自觉自愿发出的。只有这种真诚的微笑,才是乘客需要的微笑,也才是最美的微笑。

任务2 站姿礼仪

任务导入

地铁站务员,是地铁服务人员中最基础的一个工种。站务员,充分体现了一个"站"字,在当班期间,除了轮岗和少量的餐休时间,一般来说要站七八个小时。这么长的站立时间,如何站得健康、站得舒服、站得美观呢?

背景知识

站立不仅要挺拔,而且要优美和典雅,站姿是优雅举止的基础。

一、城市轨道交通客运服务人员站姿的基本要领

1. 站姿的基本要求

男士站姿要稳健、挺拔,收腹、抬头、双肩放松齐平、双臂自然下垂,显示出男性刚健、强壮、英武、潇洒的风姿。

女士站姿要柔美,抬头、挺胸、收腹,好像有带子从上方把头部拉起,所谓"亭亭玉立",体现女性轻盈、妩媚、娴静、典雅的韵味。

2. 站姿的动作要领

站姿动作要领为"头正、肩平、躯挺、臂垂、腹收、腿并"。

(1)头正:两眼平视前方,不要左右乱看,眼睛要有神。头摆正,头要向上顶,不要缩脖子。鼻子嘴巴不能乱动。嘴微闭,收颌梗颈,表情自然,稍带微笑,自然呼吸。

(2)肩平:两肩平正,微微放松,稍向后下沉,不能耸肩。

(3)躯挺:胸部挺起,腰部正直,臀部向内向上收紧,不要撅起臀部。

(4)臂垂:两肩平正,两臂自然下垂,中指对准裤缝,五指都要并拢并且伸直。

(5)腹收:腹部往里收。

(6)腿并:两腿直立、贴紧,两个膝盖要并在一起,肌肉略有收缩感,脚跟靠拢,两脚尖向前。

二、城市轨道交通客运服务人员站姿的种类

站姿在"头正、肩平、躯挺、臂垂、腹收、腿并"的基础上,有不同的手位和脚位。手位和脚位的组合,形成不同的站姿。

1. 站姿的手位

客运服务人员常用的手部的摆放姿势有三种:
(1)标准型:双手置于身体两侧,如图 3-2 所示。
(2)前搭型:一只手搭在另一只手上叠放于体前,如图 3-3 所示。
(3)后搭型:双手叠放于体后,如图 3-4 所示。

图 3-2　标准型手位

图 3-3　前搭型手位

图 3-4　后搭型手位

2. 站姿的脚位

客运服务人员常用的脚部的摆放姿势有三种：
(1)"V"型：两脚跟并拢，脚尖打开约60度，如图3-5所示。
(2)跨立型：双脚平行分开，不超过肩宽，如图3-6所示。

图3-5 "V"型脚位

图3-6 跨立型脚位

(3)"丁"字型：一脚的脚跟与另一只脚的脚心相接触，摆成"丁"字造型，如图3-7所示。

图3-7 "丁"字型脚位

3. 常用站姿

站立时，保持躯干挺直、重心平稳，根据场合需要和性别特点，选择合适的手位和脚位，形成不同的站姿。

1)标准式站姿

标准式站姿一般是指在"头正、肩平、躯挺、臂垂、腹收、腿并"的基础上，使用标准型手位、"V"型脚位而形成的站姿（见图3-8），其中，女士也可以采用"丁"字型脚位（见图3-9）。

2)前搭式站姿

前搭式站姿一般是指在"头正、肩平、躯挺、臂垂、腹收、腿并"的基础上，使用前搭型手位、"V"型脚位或"丁"字型脚位而形成的站姿（见图3-10），此种站姿一般适合女士使用。

图 3-8　男士标准站姿　　　　图 3-9　女士标准站姿

3)后搭式站姿

后搭式站姿也叫跨立式站姿,一般是指在"头正、肩平、躯挺、臂垂、腹收、腿并"的基础上,使用后搭型手位、跨立型脚位而形成的站姿(见图 3-11),此种站姿一般适合男士使用。

图 3-10　前搭式站姿　　　　图 3-11　后搭式站姿

三、城市轨道交通客运服务人员站姿的禁忌

(1)站立时,切忌东倒西歪、无精打采,懒散地倚靠在墙上、桌子上。
(2)不要低着头、歪着脖子、含胸、端肩、驼背。
(3)不要将身体的重心明显地移到一侧,只用一条腿支撑着身体。
(4)身体不要下意识地做小动作。
(5)在正式场合,不要将手插在裤袋里面,切忌双手交叉抱在胸前,或是双手叉腰。
(6)男子双脚左右跨立时,注意两脚之间的距离不可过大,不要挺腹翘臀。

(7)不要两腿交叉站立。

任务 3　坐姿礼仪

任务导入

2021年8月某日,云南昆明的市民杨先生乘地铁外出时看到不雅一幕:一名乘车老人把鞋子一脱,光着脚丫,把两条腿搭在了地铁座位上,且这个坐姿保持了20来分钟。市民对此不文明的行为也是纷纷"吐槽"。

无独有偶,上海地铁一男子脱鞋在列车座位上躺着睡觉,一人占多位,随着车厢内的人越来越多,该男子丝毫没有让座的意思,另一位乘客提起睡觉男子脱下的鞋子,对睡觉者示意后走出地铁,把鞋子丢到垃圾桶内。该乘客表示:"我有座位,本不关我事,但既然你自清风不动,那么,让你的鞋提前两站下车。"

上海地铁还有一名女乘客,将头发挂在车厢把手上,整个人盘腿悬空"荡秋千",相关视频引发关注。

地铁方呼吁乘客文明乘车,那么,作为客运服务人员,对于坐姿有哪些要求呢?

背景知识

一、城市轨道交通客运服务人员坐姿的基本要领

坐姿文雅、端庄,不仅给人以沉着、稳重、冷静的感觉,而且也是展现自己气质与修养的重要形式。

1. 入座要求

入座时尽量从椅子左侧入座,同时注意不影响他人,必要时向周围的人致意。具体的入座方法是:走到离椅子半步远的位置立定,右脚轻轻向后撤半步,用小腿靠椅,以确定位置。女性穿着裙装入座时,应用双手将后片向前收拢一下,以显得娴雅端庄。

2. 落座要求

坐到椅子的2/3处,落座轻缓,坐好后收腹立腰,上身略微前倾,头正,颈直,下颌微收,双目平视前方或注视对方,双肩平齐,放松下沉。

3. 离座要求

离座时,尽量从左侧离开;若旁边有人在座,要以语言或者动作示意。若多人同时离座,要注意离座顺序,一般地位高者先离座,若双方身份相似时,可以同时离座。右小腿往后退一小步,缓慢起身,然后右腿与左腿并拢,站好后离开。

二、城市轨道交通客运服务人员坐姿的种类

坐姿也有不同的手位和脚位。手位和脚位的组合,形成不同的坐姿。

1. 坐姿的手位

坐姿主要有两种手位:

(1)平放式,即双手平放在大腿前侧,注意手部的位置,不要把掌心撑在膝盖上,这种手位一般适合男士使用(见图3-12)。

图 3-12　平放式手位

(2)叠放式,双手叠放放在一条腿的中前部(见图3-13),或者放在两条腿的中间,用来压住女士的裙边(见图3-14)。

图 3-13　叠放式手位(男士)

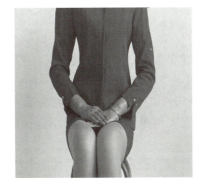

图 3-14　叠放式手位(女士)

2. 坐姿的脚位

一般来说,根据腿部摆放的位置和形态,坐姿有四种脚位。

1)标准式脚位

标准式脚位是指上身与大腿、大腿和小腿都应成直角,小腿垂直于地面。其中,女士标准式脚位双膝并拢,两小腿相贴,如图3-15所示,男士则可以双腿打开约肩宽。

2)侧腿式脚位

侧腿式脚位是指将双腿朝向身体一侧,一般适合女士使用(见图3-16)。

图 3-15 标准式脚位　　图 3-16 侧腿式脚位

3)重叠式脚位

重叠式脚位也称为"二郎腿"脚位。与跷二郎腿相区别的是,女士在做此脚位时,两条小腿相贴,上方腿脚尖下压(见图 3-17);男士两条小腿自然分开,但也要保证脚尖向下,不能指向他人。一般来说,女士重叠式脚位会显得双腿更加修长,适合穿裙装时使用,但也比较容易累,不宜长时间使用。

4)交叉式脚位

交叉式脚位是指双腿一定程度交叉,但要注意交叉幅度。双腿交叉时,可以保持小腿与地面垂直,也可以将小腿略微收回,大腿与小腿成 70 度左右夹角;或者将小腿略微往前伸,大腿与小腿成 100 度左右夹角,前者称为后交叉,后者称为前交叉。

除以上交叉类型外,也可将一条小腿保持与地面垂直,另一条小腿略微收回,此种脚位称为曲直式。

交叉式脚位较为舒适,可在短暂休息时使用(见图 3-18)。

图 3-17 重叠式脚位　　图 3-18 交叉式脚位

值得注意的是，脚位要根据不同的场合、服装来选择。保持长时间坐姿时，可以适当更换脚位，缓解疲劳。

3. 女士坐姿

女士的几种推荐坐姿如图 3-19 至图 3-25 所示。

图 3-19　标准式女士坐姿　　　图 3-20　侧腿式女士坐姿

图 3-21　前交叉式女士坐姿　　图 3-22　后点式女士坐姿

图 3-23　曲直式女士坐姿　　图 3-24　侧挂式女士坐姿　　图 3-25　重叠式女士坐姿

4. 男士坐姿

男士的几种推荐坐姿如图 3-26 至图 3-30 所示。

图 3-26　标准式男士坐姿　　图 3-27　前交叉式男士坐姿

图 3-28　后交叉式男士坐姿　　图 3-29　曲直式男士坐姿　　图 3-30　重叠式男士坐姿

三、城市轨道交通客运服务人员坐姿的禁忌

(1) 坐时不可前倾后仰，或歪歪扭扭。
(2) 双腿不可过于叉开，或长长地伸出。
(3) 坐下后不可随意挪动椅子。不可将大腿并拢、小腿分开，或双手放于臀部下面。
(4) 不能高架"二郎腿"或"4"字形腿。
(5) 腿、脚不能不停地抖动。不要猛坐猛起。
(6) 与人谈话时不要用手支着下巴。
(7) 坐沙发时不应太靠里面，不能呈后仰状态。
(8) 双手不要放在两腿中间。
(9) 脚尖不要指向他人。
(10) 不要脚跟落地、脚尖离地。

(11) 不要双手撑椅。

(12) 不要把脚架在椅子或沙发扶手上,或架在茶几上。

任务 4　行姿礼仪

任务导入

孙娜是青岛地铁 3 号线永平路站的一名站务员,不间断巡视站厅、站台,一天下来要走 3 万多步。"自从做了站务员,就再也不用担心长胖了,"孙娜笑着说。孙娜认为最重要的是微笑,许多乘客看着她真诚的微笑,自觉就排起了队,在她当班期间排队候车率达到 90% 以上。

每天走 3 万多步的不仅有青岛地铁的孙娜,还有兰州地铁的站务员杨学森。不间断巡视站台是杨学森每天必备的功课,平均下来,一天也要走 3 万多步。杨学森笑着说道:"自从做了站务员,就再没有担心过因为工作而没时间锻炼身体了,几乎每天我都占据朋友圈运动榜榜首。"如果仅仅是步行巡视这么简单,倒也不太累,可巡视期间,他还肩负着重要的任务。每次在站台接车,都要做到"眼观六路,耳听八方",精神高度集中。140 米的站台,洋溢着他的青春活力,更体现着他的责任担当。

巡站是站务员的基本作业,行走是站务员的日常状态。那么,行姿又有哪些注意事项呢?

背景知识

一、城市轨道交通客运服务人员行姿的基本要领

行姿是站姿的延续动作,是在站姿的基础上展示人的动态美的极好的手段。在各种场合,都要力求做到"行如风",即走得正确、优雅、有节奏感。正确的步态可表现出一个人朝气蓬勃、积极向上的精神状态,呈现出轻松优美的姿态。

保持正确的行姿,有以下要求:

1. 头正、躯挺、重心稳

应当身体直立、收腹直腰、两眼平视前方、起步时,身体微向倾,身体重心落于前脚掌,行走中身体的重心要随着移动的脚步不断向前过渡,而不要让重心停留在后脚,并注意在前脚着地和后脚离地时伸直膝部。双臂放松,在身体两侧自然摆动,前后摆幅在 30°～40°,如图 3-31 和图 3-32 所示。

图 3-31　行姿 1　　　　　图 3-32　行姿 2

2. 步速平稳

脚尖微向外或向正前方伸出,跨步均匀,不要忽快忽慢,在正常情况下,客运服务人员每分钟走 60 步,步伐稳健,步履自然,显得成熟、自信。

3. 步幅适度

步幅的大小应根据身高、着装与场合的不同而有所调整。

穿西装时,后背要保持平正,两脚立直,可适度调大走路的步幅,手臂放松,伸直摆动,手势简洁大方,力求走出挺拔优雅的风度。

女士穿旗袍走路的时候,要身体挺拔,下颌微收,不要塌腰撅臀。走路时,步幅不宜过大,以防旗袍的分叉处袒露。两脚跟前后要走在一条线上,脚尖略微外开,两手在体侧自然摆动;站立时,双手可放于腹前以显优雅。

女士穿着长裙可显出女士身材的修长和飘逸美,行走时一定要稳稳当当,步幅可稍大些。转动时,一定要注意头和身体保持协调,调整头、胸、髋三轴的角度,体现美感。

女士穿着短裙时,要表现出轻盈、敏捷、活泼、洒脱的风度,步幅不宜过大,但脚步可以稍快些,表现出轻快干练的风格和状态。

二、城市轨道交通客运服务人员行姿的种类

除直线向前的行姿外,还有三种变向时的行姿需要注意。

1. 后退步行姿

后退步行姿一般用于与他人告别后,转身离开时。向他人告辞时,应先向后退两三步,再转身离去。退步时,脚要轻擦地面,不可高抬小腿,后退的步幅要小。转体时要先转身体,

头稍候再转。切不可告别后立马转身离去,给人迫不及待的感觉。

2. 引导时行姿

引导时行姿一般采用侧身步,当走在前面引导来宾时,应尽量走在宾客的左前方。髋部朝向前行的方向,上身稍向右转体,左肩稍前,右肩稍后,侧身向着来宾,与来宾保持两三步的距离,并向来宾做必要的提醒和说明。切不可径直走在来宾前,留给来宾一个背部。同时,当走在较窄的路面或楼道中与人相遇时,也要采用侧身步,两肩一前一后,并将胸部转向他人,不可将后背转向他人。

3. 前行转身步行姿

在前行中要向左或向右90度转向时,要在距所转方向较远一侧的脚落地后,立即以该脚掌为轴,转过全身,然后迈出另一只脚。即向左转,要右脚在前时转身;向右转,要左脚在前时转身。

三、城市轨道交通客运服务人员行姿的禁忌

(1)走路时方向不定,忽左忽右;
(2)体位失当,摇头、晃肩、大幅度扭臀;
(3)采用"外八字"步和"内八字"步;
(4)左顾右盼,重心不稳;
(5)与多人走路时,或勾肩搭背,或奔跑蹦跳,或大声喊叫等;
(6)双手反背于背后或双手插入裤袋。

任务5 蹲姿礼仪

任务导入

2017年在《开学第一课》的"中华骄傲"主题里迎来了一位最年长的嘉宾,他是96岁高龄的北京大学教授,著名的翻译家许渊冲。因为许渊冲先生年事已高,节目组为他准备了椅子坐在舞台上,主持人董卿为了体现尊重,蹲跪着进行采访,一直保持着和老先生平视或者仰视的角度,听老先生说着自己对于翻译事业的执着故事。

网友们纷纷表示,这不仅是对大师的尊敬,还是对文化的尊重,更是自我修养的体现!

地铁里,站务员也经常蹲下来帮乘客拾取物品,也经常有广播或者站务员提醒乘客,不

要蹲姿候车。那么,什么时候该蹲?下蹲时又有哪些注意事项呢?

一、城市轨道交通客运服务人员蹲姿的基本要领

蹲姿是日常生活中常用到的一种行为举止,在需要捡拾掉落的物品时,或者在与小朋友或者不方便站立起来的来宾交流时,合影时的前排,往往需要采用蹲姿。

1. 蹲姿要求

(1)下蹲拾物时,应自然、得体、大方,不遮遮掩掩。
(2)下蹲时,两腿合力支撑身体,避免滑倒。
(3)下蹲时,应使头、胸、膝关节在一个角度上,使蹲姿优美。
(4)女士无论采用哪种蹲姿,都要将腿靠紧,臀部向下。

2. 蹲姿的动作要领

下蹲时一脚在前、一脚在后,两腿向下蹲,前脚全着地,小腿基本与地面垂直。后脚脚跟提起,脚尖着地。两腿合力支撑身体,避免滑倒。下蹲时,头部和上身保持挺直,臀部要往下沉,避免弯腰撅臀。若用手捡东西,可以先走到东西的左边,右脚向后退半步,再下蹲,保持蹲姿平稳、优美。

二、城市轨道交通客运服务人员蹲姿的种类

1. 高低式蹲姿

下蹲时右脚在前,左脚稍后,两腿靠紧向下蹲。右脚全脚着地,小腿基本垂直于地面,左脚脚跟提起,脚掌着地。左膝低于右膝,左膝内侧靠于右小腿内侧,形成右膝高、左膝低的姿态,臀部向下,基本上以左腿支撑身体。也可以左右腿姿势互换。

男士采用高低式蹲姿时,两条大腿间可以保持一定距离(见图3-33);女士采用此种蹲姿时,要将大腿部分靠紧(见图3-34)。

2. 交叉式蹲姿

下蹲时右脚在前,左脚在后,右小腿垂直于地面,全脚着地。左膝由后面伸向右侧,左脚跟抬起,脚掌着地。两腿靠紧,合力支撑身体。臀部向下,上身稍前倾,也可以左右腿姿势互换(见图3-35)。

图 3-33　高低式蹲姿(男士)　　图 3-34　高低式蹲姿(女士)　　图 3-35　交叉式蹲姿

三、城市轨道交通客运服务人员蹲姿的禁忌

(1)要避免两腿叉开,臀部向后撅起。
(2)捡取物品时,要避免直腿弯腰。
(3)下蹲时,要完全蹲下去,同时注意身体背部保持直立,身体不过分前倾,避免弯腰翘臀的姿势。女士还要注意下蹲时领口衣服的整理。
(4)下蹲时要注意前后行人,不要突然下蹲。
(5)蹲姿的时间不宜过长。

任务 6　手势和鞠躬礼仪

任务导入

2022 年 1 月 9 日,武汉地铁 3 号线香港路站,一位老人突然从电扶梯上摔倒,老伴费力拉扯也被不慎带倒。一位市民冲上前将电梯按停,武汉地铁公安民警飞奔上前将老人搀扶起来,并让站务员拿来药品为老人处理伤口,确认老人无恙后将他们送上出租车。其间,老人四次鞠躬以表对民警的真切感谢,临走前还紧紧握着民警的手:"你们像我孩子一样好!"

2021 年 7 月 30 日上午,郑州地铁集团领导班子成员、中层管理人员、员工代表和现场群众,来到郑州地铁 5 号线沙口路站 B1 出入口,静默肃立,在深深三鞠躬后敬献上手中鲜花,沉痛哀悼"7·20"特大暴雨灾害被困电客车罹难乘客。

鞠躬是人们表达尊敬、谢意及致歉等方面的常用礼节,如何正确地鞠躬呢?

一、城市轨道交通客运服务人员手势的基本要领

城市轨道交通客运服务人员在向乘客介绍、说明、引导等时,都会使用到手势,准确有效的手势会强化所要表达的意思。手势的运用要规范和适度。

1. 城市轨道交通客运服务人员手势基本要求

(1)意思明确。

客运服务人员的手势必须与语言的内容相一致,不能让乘客难以理解,甚至误解。

(2)手势要适度。

客运服务人员使用手势时必须控制使用的频率和幅度,如果没有手势,对话内容会有呆板的感觉;但如果手势动作过多,又会给人留下装腔作势、缺乏涵养的印象。

(3)简单明了。

服务人员的每一个手势都应力求简单、精练、清楚、明了,要做到干净利索、优美动人,不要过于紧张、拖泥带水。

(4)自然大方。

手势的使用要自然大方,不要太机械,不要过于僵硬。

2. 服务人员手势规范

规范的手势应当是手掌自然伸直,掌心向内向上,手指并拢,拇指自然稍稍分开,手腕伸直,使手与小臂成一直线,肘关节自然弯曲,大小臂的弯曲以 130°左右为宜。掌心向斜上方,手掌与地面约成 45°角。需要注意的是,大小臂弯曲角度、掌心与地面的角度,要根据物体的高矮远近而进行灵活的调整。过于拘泥反而显得生硬、呆板。

二、城市轨道交通客运服务人员手势的种类

指引手势是利用手臂、手掌的协调动作,向来宾表达请进、请往前走等指引方向的手势。指引手势根据所指向物品或者目的地的不同,有高位、中位、低位手势的区别,同时,不同的指引手势有不同的含义。以下主要介绍 5 种:横摆式、直臂式、曲臂式、低位手势以及展开式。

1. 横摆式

横摆式手势常表示"请进"。要求:五指伸直并拢,然后以肘关节为轴,手从腹前抬起向右摆动至身体右前方,不要将手臂摆至体侧或身后。同时,左手下垂,目视来宾,面带微笑

（见图 3-36）。

2. 直臂式

直臂式手势常表示"请往前走"。要求：五指伸直并拢，屈肘由腹前抬起，手臂的高度与肩同高，肘关节伸直，向要行进的方向伸出前臂（见图 3-37）。在指引方向时，身体要侧向来宾，眼睛要兼顾所指方向和来宾，直到来宾表示已清楚了方向，再把手臂放下，向后退一步，施礼并说"请您走好"等礼貌用语。

图 3-36　横摆式手势　　　　图 3-37　直臂式手势

3. 曲臂式

曲臂式手势常表示"里边请"。当左手拿着物品，或推扶房门、电梯门，而又需引领来宾时，即以右手五指伸直并拢，从身体的侧前方，由下向上抬起，上臂抬至离开身体 45°的高度，然后以肘关节为轴，手臂由体侧向体前左侧摆动成曲臂状，请来宾进去（见图 3-38）。

图 3-38　曲臂式手势

4. 低位手势

低位手势常表示"请注意地面,小心台阶"。当带领来宾走楼梯时,以右手五指伸直并拢,从身体的侧前方,由上向下指向低处物体,可以配合语言,如:"请小心台阶""此处有水,请注意"(见图3-39)。

5. 展开式

展开式手势常表示"欢迎大家"。五指伸直并拢,然后以肘关节为轴,手从腹前抬起向左右两边打开,不要将手臂摆至身后(见图3-40)。

图 3-39　低位手势　　　　图 3-40　展开式手势

三、城市轨道交通客运服务人员手势的禁忌

在做指引手势时要注意:

1. 切忌用一个指头指指点点

用一个指头指向他人,含有教训、指责的意味,客运服务人员要避免这种手势。

2. 指引方向时要明确,不要摇摆不定

指引方向要明确,车站是客运服务人员的工作场合,应十分熟悉。乘客问路时,要指向明确,不要犹犹豫豫,或者用含糊的手势,这样既会降低服务效率,又会使乘客质疑服务的专业性。

3. 掌心角度不当

掌心向上有诚恳、尊重他人的意思,但也不能完全向上,完全向上,反而有一种索要、乞讨的意味。也不能掌心向下,掌心向下,给人压制、敷衍的感觉。因此,在做手势时,要注意掌心的角度。

4. 避免干扰

做手势时,最好手上不要有其他物品,或者戴夸张的手部饰物,给服务工作带来干扰。另外,正确做手势的同时,要避免抓头发、掏耳朵、玩饰物、拉袖子等小动作,这些小动作同样会对乘客造成干扰,同时可能引发乘客反感。

5. 习俗禁忌

有些手势在使用时,针对不同区域和各国的不同习惯,对某些特殊乘客一定要避免习俗禁忌。这里不限于引导手势,还包括其他一些惯用手势,如跷起大拇指、OK 手势等,在中国表示好的含义,但在别的国家可能就有不好的含义。因此城市轨道交通客运服务人员在工作过程中要注意这些手势的使用,尤其是在服务外国乘客时。

四、城市轨道交通客运服务人员鞠躬礼仪

鞠躬是表示对他人敬重的一种郑重礼节。此种礼节一般用于下级对上级或同级之间、学生向老师、晚辈向长辈、服务人员向宾客表达由衷的敬意。一般来讲,鞠躬的幅度越大,所包含的感情越浓烈。90 度鞠躬一般是大喜大悲和表示忏悔、改过、谢罪时用的。在社交、商务场合或是服务行业中,一般鞠躬幅度在 60 度以内即可。

1. 鞠躬要求

行鞠躬礼时面对来宾,并拢双脚,视线由对方脸上落至自己的脚前 1.5 米处(15 度礼)或脚前 1 米处(30 度礼)或脚前 1.4 米处(60 度礼)。男性双手放在身体两侧(见图 3-41),女性双手合起放在身体前面(见图 3-42)。鞠躬时必须伸直腰、目视对方,然后将伸直的腰背,由腰开始,上身向前弯曲。鞠躬时,弯腰速度适中,之后抬头直腰,动作可慢慢做,这样令人感觉很舒服。行鞠躬礼要在距对方 2~3 米的地方,在与对方目光交流的时候行礼,且行鞠躬礼时必须面带真诚的微笑。

图 3-41 鞠躬礼(男士)

图 3-42 鞠躬礼(女士)

2. 要避免的鞠躬

只低头的鞠躬，不看对方的鞠躬，头部左右晃动的鞠躬，双腿没有并齐的鞠躬，驼背式的鞠躬，可以看到后背的鞠躬，这些鞠躬都会显得诚意不足。同样，非必要情况下90度深鞠躬也是要避免的，鞠躬太过，也会造成对方的困扰甚至反感。

思考与练习

1. 表情有哪些特征？
2. 表情由哪些部分构成？
3. 微笑的作用是什么？
4. 微笑的"四要"是指什么？
5. 微笑服务的要点有哪些？
6. 站姿的动作要领有哪些？
7. 站姿的动作种类有哪些？
8. 站姿的禁忌有哪些？
9. 坐姿的动作要领有哪些？
10. 坐姿的动作种类有哪些？
11. 坐姿的禁忌有哪些？
12. 行姿的动作要领有哪些？
13. 行姿的动作种类有哪些？
14. 行姿的禁忌有哪些？
15. 蹲姿的动作要领有哪些？
16. 蹲姿的动作种类有哪些？
17. 蹲姿的禁忌有哪些？
18. 手势的动作要领有哪些？
19. 手势的动作种类有哪些？
20. 手势的禁忌有哪些？
21. 鞠躬要注意哪些问题？

实训工单 3.1　微笑训练

专业		班级	
实训类别	□个人实训	姓名	
	□小组实训	小组成员	

一、实训目标

养成微笑服务的习惯,增加仪态美感,体现城市轨道交通服务人员精神风貌。

二、实训所需基础知识

1. 微笑的"四要";
2. 微笑的基本方法;
3. 微笑服务的要点。

三、实训要求

根据以下训练方式,进行微笑训练:

1. 照镜子练习法:对着镜子找到自己最满意的笑容。
2. 情绪记忆法:多回忆美好的事情,发自内心地微笑。
3. 发音练习法:发"一""七""茄子"等练习嘴角肌肉,使嘴角露出微笑,直到感觉自然为止。
4. 情境熏陶法:通过音乐、视频等形式,创造心情愉悦的氛围,放松身心,发自内心地微笑。

四、评分标准

序号	标准	得分	备注
1	微笑者神态自若,眉开眼笑,热情适度,自然大方,规范得体(25分)		
2	微笑时眼神专注,目光和善,亲切自然(25分)		
3	微笑时自然露出6~8颗牙齿,真诚,亲切(25分)		
4	微笑时长合适,以不超过7秒钟为宜。时间过长,给人以傻笑的感觉。收拢微笑时,不能立即变脸,给人以应付的感觉(25分)		
	总分		

实训工单 3.2　站姿训练

专业		班级	
实训类别	□个人实训	姓名	
	□小组实训	小组成员	

一、实训目标

养成正确站姿习惯，增加仪态美感，体现城市轨道交通服务人员精神风貌。

二、实训所需基础知识

1. 站姿的动作要领；
2. 站姿的手位、脚位；
3. 轨道交通服务人员的常见站姿；
4. 站姿的禁忌。

三、实训要求

根据以下训练方式，进行站姿训练，每次站立时间为 20 分钟，可以配合音乐，减少疲劳感：

1. 背靠墙练习；
2. 两人背靠背练习；
3. 头顶书本练习；
4. 对镜训练。

四、评分标准

序号	标准	得分	备注
1	整体要求(10 分)： （1）男士站姿要稳健、挺拔、收腹、抬头、双肩放松齐平、双臂自然下垂，显示出男性刚健、强壮、英武、潇洒的风姿。 （2）女士站姿要柔美，抬头、挺胸、收腹，好像有带子从上方把头部拉起，亭亭玉立，体现女性轻盈、妩媚、娴静、典雅的韵味		
2	头正(15 分)：两眼平视前方，不要左右乱看，眼睛要有神。头摆正，头要向上顶，不要缩脖子。鼻子嘴巴不能乱动。嘴微闭，收颔梗颈，表情自然，稍带微笑，自然呼吸		
3	肩平(15 分)：两肩平正，微微放松，稍向后下沉，不能耸肩		
4	臂垂(15 分)：两臂自然下垂，中指对准裤缝，五指都要并拢并且伸直，并能根据以下不同手位调整手臂、手部位置。手位： （1）标准型：双手置于身体两侧。 （2）前搭型：双手叠放于体前。 （3）后搭型：双手叠放于体后		

续表

序号	标准	得分	备注
5	躯挺(15分)：胸部挺起，腰部正直，臀部向内向上收紧，不要翘臀部		
6	腹收(15分)：腹部往里收		
7	腿并(15分)：两腿直立、贴紧，两个膝盖要紧紧并在一起，肌肉略有收缩感，脚跟靠拢，两脚尖向前，并能根据以下不同脚位调整脚部位置。脚位： (1)"V"型：两脚跟并拢，脚尖打开约60度。 (2)跨立型：双脚平行分开，不超过肩宽。 (3)"丁"字型：一脚的脚跟与另一只脚的脚心相接触，摆成"丁"字造型		
	总分		

实训工单 3.3　坐姿训练

专业		班级	
实训类别	☐个人实训	姓名	
	☐小组实训	小组成员	

一、实训目标

养成正确坐姿习惯,增加仪态美感,体现城市轨道交通服务人员精神风貌。

二、实训所需基础知识

1. 坐姿的动作要领；
2. 落座、离座要求；
3. 轨道交通服务人员的常见坐姿；
4. 坐姿的禁忌。

三、实训要求

坐姿的训练应该贯彻入座、落座、离座。对镜练习,每次训练时间为 20 分钟,疲劳时适当调整坐姿,注意调整过程安静、迅速,也可以配合音乐减少疲劳感。

四、评分标准

序号	标准	得分	备注
1	整体要求(10 分)： 坐姿文雅、端庄,给人以沉着、稳重、冷静的感觉		
2	正确入座、落座、离座(30 分)		
3	正确展现以下坐姿(60 分)： (1)女士坐姿:标准式、前交叉式、侧腿式、后点式、曲直式、侧挂式、重叠式。 (2)男士坐姿:标准式、前交叉式、后交叉式、曲直式、重叠式		
	总分		

实训工单 3.4　行姿训练

专业		班级	
实训类别	□个人实训	姓名	
	□小组实训	小组成员	

一、实训目标

养成正确行姿习惯,增加仪态美感,体现城市轨道交通服务人员精神风貌。

二、实训所需基础知识

1. 行姿的动作要领;
2. 三种变向行姿的动作要领;
3. 行姿的禁忌。

三、实训要求

设置行姿情境,如引导、告别等,在情境中进行训练。

四、评分标准

序号	标准	得分	备注
1	整体要求(10分): 头正、躯挺、重心稳;步速平稳;步幅适度		
2	结合情境,正确展示后退步行姿(30分)		
3	结合情境,正确展示引导时行姿(30分)		
4	结合情境,正确展示前行转身步行姿(30分)		
	总分		

实训工单 3.5　蹲姿训练

专业		班级	
实训类别	□个人实训	姓名	
	□小组实训	小组成员	

一、实训目标

能正确下蹲,增加仪态美感,体现城市轨道交通服务人员精神风貌。

二、实训所需基础知识

1. 蹲姿的动作要领;
2. 轨道交通服务人员的常见蹲姿;
3. 蹲姿的禁忌。

三、实训要求

创设蹲姿情境,进行蹲姿训练。

四、评分标准

序号	标准	得分	备注
1	整体要求(10分): 蹲姿动作要领准确,无不雅和禁忌动作		
2	正确展示高低式蹲姿(30分)		
3	正确展示交叉式蹲姿(30分)		
4	正确说明蹲姿的禁忌(30分)		
	总分		

实训工单 3.6　手势和鞠躬训练

专业			班级	
实训类别	☐个人实训		姓名	
	☐小组实训		小组成员	

一、实训目标

能正确进行手势展示、鞠躬展示，增加仪态美感，体现城市轨道交通服务人员精神风貌。

二、实训所需基础知识

1. 手势、鞠躬的动作要领；
2. 轨道交通服务人员的常见手势、鞠躬种类；
3. 手势、鞠躬的禁忌。

三、实训要求

创设手势和鞠躬情境，进行手势、鞠躬训练。

四、评分标准

序号	标准	得分	备注
1	整体要求(10分)： 手势和鞠躬动作要领准确，无不雅和禁忌动作		
2	正确展示横摆式、直臂式、曲臂式、低位手势、展开式等手势(30分)		
3	正确展示15度、30度、60度鞠躬(30分)		
4	正确说明手势、鞠躬的禁忌(30分)		
	总分		

实训工单 3.7　礼仪操训练

专业		班级	
实训类别	□个人实训	姓名	
	□小组实训	小组成员	

一、实训目标

熟练掌握服务行业仪态礼仪要求，正确展示服务站姿、坐姿、行姿、蹲姿、递物、手势、鞠躬等仪态，形成"站如松、坐如钟"的行为习惯，培养窗口意识，体现积极向上的精神风貌。

二、实训所需基础知识

1. 站姿的要求、种类和禁忌；
2. 坐姿的要求、种类和禁忌；
3. 行姿的要求、种类和禁忌；
4. 蹲姿的要求、种类和禁忌；
5. 递物的要求、种类和禁忌；
6. 手势的要求、种类和禁忌；
7. 鞠躬的要求、种类和禁忌；
8. 职业仪容仪表的要求。

三、实训要求

学生自由分组，每组人数不超过 6 人，进行礼仪操展示。要求在职业情境当中展示站姿、坐姿、蹲姿、行姿、递物、手势、鞠躬等 7 项内容；顺序自编，背景音乐自选。

四、评分标准

序号	项目	内容	标准	得分	备注
1	仪容仪表	表情	笑容有亲和力，唇部向上移动，略呈弧形，牙齿稍外露，与眼睛、语言和身体动作相结合。目光热情、友好、诚实、稳重、和蔼。注意注视时间、角度和部位(5分)		
		妆容	女士淡妆，妆容美观，端庄大方，发不过肩，刘海长不遮眉。男士面容干净，剃须，头发前不遮眉、侧不盖耳、后不及领(5分)		
		服饰	服装统一，穿着得当，色彩搭配合理(5分)		

续表

序号	项目	内容	标准	得分	备注
2	仪态	站姿	抬头挺胸,收腹立腰,双眼平视前方,男女士手位、脚位摆放合适(10分)		
		坐姿	身体端正舒展,立腰挺胸,神态自然,微笑,入座、离座姿势正确(10分)		
		蹲姿	下蹲时右脚在前,左脚稍后,两腿靠紧向下蹲,不翘臀,不弯腰驼背,整个过程一气呵成。注:左右脚可互换(10分)		
		行姿	优雅而有风度,轻快而有节奏,摆臂自然。女士也可采用前搭型手位(10分)		
		递物	递送东西须双手递送,动作大方,不弯腰驼背(10分)		
		手势	手臂自然弯曲,将右手或左手抬至一定高度,以肘部为轴,朝一定方向伸出手臂,动作幅度不过大,动作舒展大方(10分)		
		鞠躬	上半身弯曲,动作优美、大方(10分)		
3	整体效果	动作编排	动作一致,神情自然,连贯,无笑场。展示内容编排巧妙,构思新颖,有较强的艺术感染力,并能凸显服务礼仪特色(5分)		
		现场发挥	表演流畅,现场发挥好,有感染力、吸引力,现场气氛反应好(5分)		
		团队精神	整体精神饱满,团队成员相互协调,配合默契(5分)		
			总分		

模块4 城市轨道交通服务人员沟通礼仪

模块描述

本模块主要是帮助学生掌握城市轨道交通服务人员在与乘客沟通中应该注意的礼仪规范,如与乘客见面时的会面礼仪,如何正确地称呼对方,在沟通交流时语言的组织,以及如何使用标准服务用语为乘客提供服务。

教学目标

1. 思政目标

通过本模块的学习,帮助学生建立"以诚待人"的传统美德,在沟通交流过程中,与人为善。同时,用沟通礼仪体现出对乘客的尊重、对岗位的热爱,进一步巩固爱岗敬业的职业道德。

2. 知识目标

掌握会面礼仪的要求、内容以及禁忌;掌握称呼礼仪的原则、称呼的方法和禁忌;掌握语言礼仪的基本要求和语言技巧,以及客运服务人员常见的礼貌用语和岗位服务用语。

3. 能力目标

能在与人见面时,得体适当地进行问候;能正确进行自我介绍和为他人介绍;能正确地使用握手礼仪;能正确称呼乘客;能用标准的服务用语为乘客提供服务。

4. 素质目标

通过本模块的学习,能高效、和谐地与人沟通。

任务 1　会面礼仪

任务导入

2021年3月11日，上海的周女士在搭乘地铁8号线时，随身携带的帆布包不小心被门夹住。没想到接下来列车连续7站停靠时，车厢门都从另一侧开启，但每站都有地铁站务员上车大声询问"是哪位乘客被夹住了"，直到终点站，司机和站务员将门手动打开，将包取出。地铁方面解释，因为各站站务员都要确认乘客周女士是否安全，并对其进行安抚。话题"上海地铁站务员7次问候"也冲上新浪微博的热搜，乘客周女士表示，地铁工作人员一次次的问候，让她成了车厢内的焦点，有点尴尬，但另一方面，她也被工作人员的热情与敬业精神所打动。

那么，如何进行正确的问候呢？

背景知识

人与人之间的交往都要用到会面礼仪，特别是从事服务行业。城市轨道交通客运服务人员每天都要与不同的乘客打交道，掌握一些会面礼仪，能给乘客留下良好的第一印象，为以后顺利开展工作打下基础。常见的会面礼仪有问候礼、介绍礼、握手礼等。不同国家、不同地区有着不同的会面礼仪。

一、问候礼

寒暄和问候是生活中必不可少的，在各种场合，这是一种互相表现友好的方式，适当的问候能让人如沐春风，促成友好的交谈。

1. 问候的内容

问候内容分为两种，分别适用于不同场合：

1）直接式

所谓直接式问候，就是直接以问好作为问候的主要内容。它适用于正式的交往场合，特别是在初次接触的陌生商务及社交场合，如："您好""大家好""早上好"等。

2)间接式

所谓间接式问候,就是以某些约定俗成的问候语,或者在当时条件下可以引起讨论的话题来替代直接式问候。它主要适用于非正式、熟人之间的交往。比如:"最近过得怎样""忙什么呢""您去哪里"等。

根据交往对象不一样,谨慎选择问候内容是一门学问。问候语具有非常鲜明的民俗性、地域性的特征。如在中国,人们经常用"吃饭了吗"来寒暄,但是这种寒暄话题就不适用于其他国家。

2. 问候的态度

问候是体现尊敬和敬意的一种表现,态度上一定要注意以下几点:

1)主动

向他人问候时,要积极、主动。同样,当别人首先问候自己之后,要立即予以回应。尤其是服务行业中,在不影响乘客乘车的前提下,要主动、热情地对乘客加以问候,面对乘客的问候,也要积极回应。

2)热情

向他人问候时,要表现得热情、友好、真诚。毫无表情,或者拉长苦瓜脸、表情冷漠的问候不如不问候。

3)大方

向他人问候时,主动、热情的态度,必须表现得大方。矫揉造作、神态夸张,或者扭扭捏捏,反而会给人留下虚情假意的坏印象。

4)专注

问候的时候,要面含笑意,与他人有正面的视线交流,以做到眼到、口到、意到。不要在问候对方的时候,目光游离、东张西望,这样会让对方不知所措。

3. 问候的次序

在正式场合,问候一定要讲究次序。

1)一对一的问候

一对一,两人之间的问候,通常是位低者先问候,即身份较低者或年轻者首先问候身份较高者或年长者。

2)一对多的问候

如果同时遇到多人,特别在正式会面的时候,既可以笼统地加以问候,比如说"大家好",

也可以逐个加以问候。当一个人逐一问候多人时,既可以由尊而卑、由长而幼地依次进行,也可以由近而远依次进行。

二、介绍礼

1. 自我介绍

介绍自我即自我介绍,就是在必要的社交场合,自己充当主角,将自己介绍给他人认识,以便自己与他人在日后建立某种联系。自我介绍主要包括自我介绍的基本原则、自我介绍的方法、自我介绍的顺序三方面的内容。

1)自我介绍的基本原则

(1)语言大方得体。

在进行自我介绍时,语言一定要大方得体,凸显气质,例如,"你好,我是××,请多多关照",态度自然大方。要自然大方地说出自己的姓名、工作单位等,态度诚恳,要不卑不亢,既不过分谦卑谨慎,也不骄傲自大、目中无人。

(2)贴合实际。

在自我介绍时,要从实际出发,尽量避免使用一些明显夸大的词语,否则会给人不真诚的感觉。

(3)繁简适度。

根据场合,适当地调整自我介绍的内容,简洁明了。

(4)注重姓名。

在自我介绍时,为了给人留下深刻印象,可以对自己的名字进行适当的解释,从而使对方容易记住,如介绍姓氏"李"时,可以说"木子李"。

2)自我介绍的方法

(1)工作式。

在工作场合,对本人姓名、供职的单位及部门、担负的职务或从事的具体工作等进行介绍。

(2)交流式。

它是一种刻意寻求与交往对象进一步交流与沟通的自我介绍方式,希望对方认识自己。可以介绍兴趣以及与交往对象的某些熟人的关系。

(3)礼仪式。

礼仪式适用于讲座、报告、演出、庆典、仪式等一些正规而隆重的场合。它是一种意在表示对交往对象的友好、敬意的自我介绍。礼仪式的自我介绍内容,亦包含姓名、单位、职务等,另外还应加入一些适宜的谦辞、敬语,以示自己礼待交往对象。

(4)应酬式。

应酬式适用于某些公共场合和一般性的社交场合,它的对象主要是进行一般接触的交往对象。只介绍姓名。

(5)问答式。

问答式适用于面试、应聘场合,针对面试官的提问,进行有目的、有重点的介绍。

3)自我介绍的顺序

一般来说,位低者先向位高者做自我介绍,以显示对位高者的尊敬,即位高者有优先了解对方的权利。因此位卑者主动向位尊者做自我介绍;男士主动向女士做自我介绍;下级主动向上级做自我介绍;年幼者主动向年长者做自我介绍。

2. 为他人介绍

为他人介绍,又称为第三者介绍,是指在人际交往活动中,为彼此不相识的双方引见、介绍的一种交际方式。在为他人做介绍时,要注意以下几点。

1)征求意愿

在为他人做介绍时,首先得征求被介绍双方的同意,不可贸然引见,避免唐突。

2)语言合适

为他人介绍时,要准备好合适的语言。
(1)口头语言:实事求是,避免吹捧,以免使被介绍者感到难堪。
(2)身体语言:标准姿势站立,小臂与大臂成45度角,手心朝上,手背朝下,五指并拢;手指指向被介绍方,目视被介绍者的对方,同时点头微笑。

3)介绍顺序

做介绍时,依旧遵循尊者优先了解情况的原则:先把晚辈介绍给长辈;先把职位低者介绍给职位高者;如果双方年龄、职务相当,则把男士介绍给女士;把主人介绍给客人;将晚到者介绍给早到者;把家人介绍给同事、朋友;把未婚者介绍给已婚者。

三、握手礼

握手礼是交际场合中运用最多的一种交际礼节形式。握手礼含义很多,视情况而定,分别表示相识、相见、告别、友好、祝贺、感谢、鼓励、支持、慰问等不同意义。

1. 握手的时机

初次见面时;迎接客人时;与人告别时;别人给予你一定的支持、鼓励或帮助时;表示感谢、恭喜、祝贺时;对别人表示理解、支持、肯定时;得知别人患病、失恋、失业、降职或遭受其他挫折时;向别人赠送礼品或颁发奖品时。

2. 握手的规范

1）握手姿态要正确

行握手礼时，通常距离受礼者约一步，立正，上身稍向前倾，伸出右手，四指并齐，拇指张开，与对方相握，微微抖动三四次，然后与对方的手松开，恢复原状。与关系亲近者握手时，可稍加力度和抖动次数，甚至双手交叉热烈相握。

2）握手必须用右手

如果恰好你当时正在做事，或手很脏很湿，应向对方说明，摊开手表示歉意，或立即洗干净手，与对方热情相握。如果戴着手套，则应取下后再与对方相握，否则是不礼貌的。

3）握手要讲究先后次序

一般情况下，由年长的先向年轻的伸手，身份地位高的先向身份地位低的伸手，女士先向男士伸手，老师先向学生伸手。拜访时，一般是主人先伸手，表示欢迎；告别时，应由客人先伸手，以表示感谢，并请主人留步。不应先伸手的就不要先伸手，见面时可先行问候致意，等对方伸手后再与之相握，否则是不礼貌的。

4）握手要热情

握手时双目要注视着对方的眼睛，微笑致意。切忌漫不经心、东张西望，边握手边看其他人或物，或者对方早已把手伸过来，而你却迟迟不伸手相握，这都是冷淡、傲慢、极不礼貌的表现。

5）握手要注意力度

握手时，既不能有气无力，也不能握得太紧。握得太轻，显得傲慢或缺乏诚意；握得太紧，显得粗鲁、轻佻而不庄重。

6）握手应注意时间

握手时，既不宜轻轻一碰就放下，也不要久久握住不放。一般来说，说完欢迎或告辞致意的话以后，就应放下。

3. 握手的禁忌

(1)不要用左手相握，尤其是和阿拉伯人、印度人打交道时要牢记，因为在他们看来左手是不干净的。

(2)不要在握手时戴着手套或墨镜，只有女士在社交场合戴着薄纱手套握手是被允许的。

(3)不要在握手时另外一只手插在衣袋里或拿着东西。
(4)不要在握手时面无表情、不置一词,或长篇大论、点头哈腰,过分客套。
(5)不要在握手时把对方的手拉过来、推过去,或者上下左右抖个不停。
(6)多人同时握手时,要注意握手顺序,不要交叉握手。

四、其他会面礼

1. 点头礼

点头礼又叫颔首礼,它所适用的情况主要有:遇到熟人,在会场、剧院、歌厅、舞厅等不宜交谈之处,在同一场合碰上已多次见面者,遇上多人而又无法一一问候时。行点头礼时,应该不戴帽子。具体做法是:头部向下轻轻一点,同时面带笑容,不要反复点头不止,点头的幅度也不要过大。

2. 举手礼

行举手礼的场合,和行点头礼的场合大致相同,它最适合向距离较远的熟人打招呼。行举手礼的做法是:右臂向前方伸直,右手掌心向着对方,其他四指并齐、拇指叉开,轻轻向左右摆动一两下。手不要上下摆动,也不要在手部摆动时用手背朝向对方。

3. 拱手礼

拱手礼是我国民间传统的会面礼。现在它所适用的情况,主要是过年时举行团拜活动,向长辈祝寿,向友人恭喜结婚、生子、晋升、乔迁,向亲朋好友表示无比感谢,以及与海外华人初次见面时表示久仰大名。拱手礼的行礼方式:起身站立,上身挺直,两臂前伸,双手在胸前高举抱拳,自上而下,或者自内而外,有节奏地晃动两下。

4. 脱帽礼

戴着帽子的人,在进入他人居所,路遇熟人,与人交谈、握手或行其他会面礼,进入娱乐场所,升挂国旗、演奏国歌等情况下,要主动地摘下自己的帽子。女士在社交场合可以不脱帽子。

5. 注目礼

注目礼的具体做法是:起身立正,抬头挺胸,双手自然下垂或贴放于身体两侧,表情庄重严肃,双目正视于被行礼对象,或随之缓缓移动。在升国旗、游行检阅、剪彩揭幕、开业挂牌等情况下,适用注目礼。

6. 合十礼

合十礼,就是双手十指相合为礼。具体做法是:双手十指在胸前相对合,手指并拢向上,掌尖与鼻尖基本持平,手掌向外侧倾斜,双腿立直站立,上身微欠低头。行礼时,合十的双手举得越高,越体现出对对方的尊重,但原则上不可高于额头。行合十礼时,可以口颂祝词或问候对方。也可以面含微笑,但不应该手舞足蹈,反复点头。在东南亚、南亚信奉佛教的地区以及我国傣族聚居区,合十礼普遍使用。

7. 拥抱礼

在西方,特别是在欧美国家,拥抱礼是十分常见的见面礼和道别礼。在人们表示慰问、祝贺、欣喜时,拥抱礼也十分常用。

正规的拥抱礼,讲究两人面对面站立,各自举起右臂,将右手搭在对方左肩后面;左臂下垂,左手扶住对方右腰后侧,首先各向对方左侧拥抱,然后各向对方右侧拥抱,最后再一次各向对方左侧拥抱,一共拥抱3次。

普通场合不必这么讲究,拥抱次数一次、两次、三次都行。

在我国,除某些少数民族外,拥抱礼不常采用。

8. 亲吻礼

亲吻礼是一种西方国家常用的会面礼。它一般和拥抱礼同时采用,即双方会面时既拥抱又亲吻。行亲吻礼时,通常忌讳发出亲吻的声音,而且不应将唾液弄到对方脸上。在行礼时,双方关系不同,亲吻的部位也会有所不同。长辈亲吻晚辈,应当亲吻额头;晚辈亲吻长辈,应当亲吻下颌或亲吻面颊;同辈间,同性贴面颊,异性吻面颊。贴面颊的时候,先贴一次右边,再贴一次左边。

9. 吻手礼

吻手礼主要流行于欧洲国家,做法是:男士走到已婚妇女面前,首先垂首立正致意,然后以右手或双手捧起女士的右手,俯首以自己微闭的嘴唇,去象征性地亲吻一下其手背或是手指。吻手礼的受礼者,只能是已婚妇女。手腕及其以上部位,是行礼时的禁区。

任务2 称呼礼仪

任务导入

"嬢嬢,请问成都东站喃个走哦?"当成都地铁客运服务人员小李刚从大学走到工作岗位,每一次听到乘客喊她"嬢嬢"时,还是有那么一点"扎心"。虽然地铁站务小姐姐拥有多个称呼:"嬢嬢""大姐""地铁妹儿"……但是小李知道这是乘客对她们的爱称,是大家需要帮助时的亲切呼唤。不管乘客怎么称呼地铁服务人员,他们的热情服务不会减半,他们会用最诚挚的笑容面对乘客,耐心帮助大家解决出行途中遇到的问题。

那么,作为地铁客运服务人员,我们又该如何称呼乘客们呢?

背景知识

一、称呼的原则

1. 称呼要合乎常规

称呼要符合人们的生活、工作习惯,符合社会规范。尤其是在正式场合,不要使用一些私下使用的"爱称""昵称"。

2. 称呼要入乡随俗

中国幅员辽阔,一些称呼在我国南方和北方的叫法可能不一样,如:"姥姥"和"外婆";在一些地方称呼祖父辈的亲人为"爷",但有一些地方,"爷"是指父亲的兄弟。因此,怎么称呼,要看当地的习惯。

3. 称呼要照顾被称呼者的个人习惯

合适称呼的本意是为了对他人表示尊重,因此,在称呼他人时,要照顾到被称呼者的个人习惯,尤其是一些绰号类的称呼,若当事人不喜欢、不认可某个称呼,还坚持以绰号开玩笑,是非常不尊重人的行为。

4. 称呼就高不就低

当一个人有多重身份时,一般称呼其职位、辈分较高的身份。

二、称呼的方法

1. 姓名称呼

(1)直呼姓名:王小平、赵大亮。
(2)只呼其姓,不称其名,但在姓的前面加上"老""大""小":老赵、小张。
(3)只称其名,不呼其姓:通常限于同性之间,尤其是上司称呼下级、长辈称呼晚辈之时。

2. 职务称呼

在工作中,最常见的称呼方式是以交往对象的职务相称,以示身份有别、敬意有加,这是

一种最常见的称呼方法,具体来说又分为三种情况:

(1)仅称职务。例如:"部长""经理""主任"等。

(2)在职务之前加上姓氏。例如:"周总理""隋处长""马委员"等。

(3)在职务之前加上姓名。这仅适用于极其正式的场合。例如:"习近平主席"。

3. 职称称呼

(1)仅称职称。例如:"教授""律师""工程师"。

(2)在职称前加上姓氏。例如:"钱编审""孙研究员"。有时,这种称呼也可加以约定俗成的简化,例如,可将"吴工程师"简称为"吴工"。

(3)在职称前加上姓名。它适用于十分正式的场合。例如:"安文教授""杜锦华主任医师""郭雷主任编辑"。

4. 学衔称呼

在工作中,以学衔作为称呼,可增加被称呼者的权威性,有助于增强现场的学术气氛。有四种情况使用最多:

(1)仅称学衔。例如:"博士"。

(2)在学衔前加上姓氏。例如:"杨博士"。

(3)在学衔前加上姓名。例如:"劳静博士"。

(4)将学衔具体化,说明其所属学科,在其后加上姓名。例如:"史学博士周燕""工学硕士郑伟"。

5. 行业称呼

在工作中,有时可按行业进行称呼。它具体又分为两种情况。

(1)称呼职业,即直接以被称呼者的职业作为称呼。例如,将教员称为"老师",将教练员称为"教练"。在一般情况下,在此类称呼前,均可加上姓氏或姓名。

(2)称呼"女士""先生"。对商界、服务业从业人员,一般约定俗成地按性别的不同分别称呼为"女士"或"先生"。

三、几种称呼的正确使用

1. 同志

志同道合者才称同志。如政治信仰、理想、爱好等相同者,都可称为同志。改革开放之后,这一称谓的使用相对减少。如在同一党内、同一组织内,对解放军和国内的普通公民,这一称呼皆可使用。但对于儿童,对于具有不同政治信仰、不同价值观以及不同国家的人,尽量少使用或不使用。

2. 老师

这一词原意是尊称传授文化、知识、技术的人,后泛指在某些方面值得学习的人。现代社会,老师这一称谓一般用于学校中传授文化科学知识、技术的教师。目前,老师这一称谓在社会上也比较流行,有时人们出于对交际对象的学识、经验或某一方面的敬佩、尊重,常常以"姓+老师"来称呼对方。

3. 师傅

这一词原意是指对工、商、戏剧行业中传授技艺的人的一种尊称,后泛指对所有有技艺的人的称谓。在现代交际中,"师傅"这一称谓已基本恢复其原意,即称呼工、商、戏剧行业中传授技艺的人。

4. 先生

在我国古代,一般称父兄、老师为先生,也有称郎中(医生)、道士等为先生的。有些地区还有已婚妇女称自己的丈夫或称别人家的丈夫为先生的。目前,先生一词泛指所有的成年男子。

5. 小姐、女士

对女性的尊称,已婚女性多称"女士",未婚女性多称为"小姐",如不确定对方婚否,都可以"女士"相称。

6. 夫人、太太

对所有已婚妇女的尊称,现在使用已经相当普遍。

四、称呼的禁忌

1. 误读

一般表现为念错被称呼者的姓名。如念错多音字,看错被称呼者的名字等。因此,在称呼对方时,要确认对方的名字,对拿不准的多音字或生僻字,提前做好准备工作。

2. 误会

误会主要指对被称呼者的年纪、辈分、婚否以及与其他人的关系做出了错误判断。比如,将未婚女性称为"夫人"。

3. 使用不通行的称呼

使用具有一定的地域性的称呼或者网络用语,比如,"铁磁""死党"等。

4. 使用绰号作为称呼

关系一般者，切勿自作主张给对方起绰号，更不能随意以道听途说的绰号去称呼对方。还要注意，不要随便拿别人的姓名乱开玩笑。

任务 3　语言礼仪

任务导入

张立文是北京地铁东四站的一名文明引导员，他把日常的服务用语编写成了有温度的"顺口溜"，让大伙儿很快记住了这个热心的北京大爷。

张大爷被网友们亲切地称为"段子手"。他的"段子"很多都是根据日常工作中遇到的情况写出来的。他说，早高峰的时候许多年轻人不吃早饭就来挤地铁，导致低血糖晕倒的情况比较多。虽然他随身都带着糖，但是提醒年轻人注意身体更重要。于是就有了这样一个段子："特殊天气，爱惜身体，早餐要吃，健康第一，安心提示，请您切记。"有的时候，乘客只顾低头看手机，容易跨过站台候车黄线，存在安全隐患，张大爷赶紧引导："先看脚下，再看手机。"他编写的这些"顺口溜"，总让乘客在行色匆匆中会心一笑。

怎样的服务用语，才是乘客们所偏爱的呢？

背景知识

一、语言礼仪的基本要求

1. 态度诚恳亲切

说话时的态度是决定谈话成功与否的重要因素，因为谈话双方在谈话时始终都相互观察对方的表情、神态，反应极为敏感，所以谈话中一定要给对方一个认真、和蔼、诚恳的感觉。

2. 措辞谦逊文雅

措辞的谦逊文雅体现在两方面：对他人应多用敬语、敬辞，对自己则应多用谦语、谦辞。谦语和敬语是一个问题的两个方面，前者对内，后者对外，内谦外敬。同时，还要避免刻意咬文嚼字、脱离实际。

3. 谈话要掌握分寸

在人际交往中,哪些话该说,哪些话不该说,哪些话应怎样去说才更符合人际交往的目的,这是交谈礼仪应注意的问题。一般来说,善意的、诚恳的、赞许的、礼貌的、谦让的话应该说,且应该多说。恶意的、虚伪的、贬斥的、无礼的、强迫的话语不应该说,因为这样的话语只会造成冲突,破坏关系,伤及感情。有些话虽然出自好意,但措辞用语不当,方式方法不妥,好话也可能引出坏的效果。所以语言交际必须对所说的话进行有效的控制,掌握说话的分寸,才能获得好的效果。

4. 交谈注意忌讳

在一般交谈时要坚持"六不问"原则。年龄、婚姻、住址、收入、经历、信仰,属于个人隐私,在与人交谈中,不要好奇询问,也不要问及对方的残疾和需要保密的问题。在谈话内容上,一般不要涉及疾病、死亡、灾祸等不愉快的事情;不谈论荒诞离奇、耸人听闻、黄色淫秽的事情。与人交谈,还要注意亲疏有度,"交浅"不可"言深",这也是一种交际艺术。

二、客运服务人员语言技巧

1. 吐字发音准确

客运服务人员语言技巧

发音准确,是语言交际的前提。客运服务人员要做到发音准确,应注意三方面的问题。第一,发音要规范标准,不能读错音、念错字,否则,不但服务人员自身见笑于人,而且会影响城市轨道交通企业的形象。要做到发音准确就要使用普通话。第二,发音要清晰,避免含糊不清,要让乘客听得一清二楚。第三,音量要适中。说话时音量过大或过小,音高过高或过低,都会给人以模糊的感觉。过高过大的音量使人厌烦;过小过低的音量会使人听不清楚。当然,声音大小要以乘客感受为主,如服务老年乘客,音量可以稍大。

2. 语调柔和

语调指人说话时的腔调,主要体现在说话时的音调高低、轻重上。要求客运服务人员在服务工作中注意音量适中、自然。说话的语调如果从头到尾都是平的,听话的人就会觉得很枯燥。相反,如果过分地追求抑扬顿挫,拿腔拿调,又会给人一种做作的感觉。

3. 语速适中

说话时,语速要保持适当而自然,要亲切大方,典雅文静,所以,说话语速不能过快。与人交谈时,通常每分钟所讲的字数,以 60~80 字为宜。在交谈时,还应该注意适时进行必要的停顿,这样娓娓道来,就能给对方留下一个可靠的印象。同样,语速还应根据服务对象不同而适当调整,如面对儿童乘客、老年乘客,语速可以适当减慢。

4. 语气正确

语气,即人们说话时的口气。在人际交往中,语气往往被人们视为具有某种言外之意,因为它透露出说话者一定的感情色彩。客运服务人员在工作岗位上与乘客进行口头交谈时,一定要在自己的语气上表现出热情、亲切、友好。要特别注意的是,不要在有意无意之中,使自己的语气显得急躁、生硬和轻慢。

以下是在服务过程中要注意避免的语气。

(1)语气急躁。

语气急躁是指客运服务人员在与乘客交流时,语气上显得焦急、激动或者不耐烦。例如:"不要抢上抢下""抢什么抢""往站台里面走""不要挤在楼梯口"等。

(2)语气生硬。

语气生硬是指客运服务人员在与乘客交流时,语气上显得勉强、生硬或者不够柔和。例如:"单程票到自动售票机上买""等着"等。

(3)语气轻慢。

语气轻慢是指客运服务人员在与乘客交流时,语气上显得轻狂、歧视、怠慢或者失敬于人。例如:"这是规定,我是照章办事""自己看清楚信息"等。

5. 文明用语

文明用语是整个服务行业的要求。客运服务人员在服务乘客的过程中,要善于使用约定俗成的礼貌用语,如"您好""谢谢""对不起"。尤其应当注意的是,在服务结束时,应当向对方礼貌道别,如"您慢走""谢谢您""再见"等。

客运服务人员在面向乘客时,不应当采用任何不文雅的词语。其中粗话、脏话、黑话、怪话与废话,则更是在任何情况之下,都不可出现于客运服务人员之口的。

在服务过程中,以下语言属于服务禁语。

(1)粗话。

粗话就是带有恶意、难听、骂人的话。客运服务人员在工作岗位上为乘客提供服务时,不管遇上何种情况,都不允许骂骂咧咧,在话语中夹杂骂人的话。就算是乘客首先辱骂自己,也不允许与对方相互漫骂。讲粗话是有失身份的行为。

(2)脏话。

脏话就是污言秽语、粗鄙不文的话。客运服务人员在为旅客提供服务时,不得在交谈中讲任何脏话,以免有损形象,引起乘客的不快,甚至产生误会。

(3)黑话。

黑话通常是指那些流行于黑社会的行话。客运服务人员若是在为乘客提供服务时对对方讲黑话,不仅会使自己显得匪气十足,而且也会惊扰乘客,令人反感。

(4)怪话。

怪话主要是指说起话来怪里怪气,或怨天尤人,或牢骚满腹。客运服务人员在服务工作之中,有时会因为个人的委屈、不满,而当着乘客的面嘀咕、讲怪话,以泄私愤,这是有悖于服务宗旨的。

(5) 废话。

废话就是无意义的话、多余之语，或者是在没话找话时所讲的。客运服务人员必须牢记，在自己的工作岗位上，不宜主动去找乘客攀谈与服务内容无关的题外话，不对乘客评头论足。如果在工作中没事找事，大说废话，只能说明自己对于本职工作心不在焉、三心二意。

三、客运服务人员服务用语规范

1. 客运服务人员常用礼貌用语

在服务乘客的过程中，恰到好处地使用礼貌用语，可以表现本人的亲切、友好、和蔼与善意，能够传递对乘客的尊重、敬佩等信息，将有助于相互产生好感，互相达成谅解。在服务岗位上，准确而适当地运用礼貌用语，是对客运服务人员的一项基本要求，同时，也是做好本职工作的基本前提之一。

根据特定的使用场合，服务人员常用的礼貌用语可划分为以下几大类。

1) 问候用语

在工作中，自然应当由服务人员首先向乘客进行问候。在问候乘客时，具体内容应当既简练又规范。通常适用于客运服务人员的问候用语，主要分为以下两种：

标准式问候用语。所谓标准式问候用语，就是直接地向对方问候。其常见做法主要是在问好之前，加上适当的人称代词，或者其他尊称。例如："乘客，您好""先生，您好"等。

时效式问候用语。所谓时效式问候用语，就是在一定的时间范围之内才有作用的问候用语。它的常见做法是在问好之前加上具体的时间，或者在两者之前加上尊称，例如"乘客，早上好"等。

2) 迎送用语

迎送用语，主要适用于客运服务人员在自己的工作岗位上欢迎或送别乘客。具体而言，它又划分为欢迎用语与送别用语。应当强调的是，在服务过程中服务人员不但要自觉地采用迎送用语，而且必须将欢迎用语与送别用语一并使用。做到这一点，才能使自己的礼貌待客有始有终。

欢迎用语，又称迎客用语，例如："欢迎乘坐武汉轨道交通"。在使用欢迎用语时，通常应当一并使用问候语，并且必要时还需同时向对方主动施以会面礼，如注目、点头、微笑、鞠躬、握手等。

送别用语，又称告别用语。常用的送别用语有"再见""慢走""欢迎您再次乘坐武汉地铁"等。

3) 致谢用语

在服务过程中，使用致谢用语，意在表达自己的感激之意。适当地运用致谢用语，可以使自己的心意为他人所领会,体现个人的修养。所谓礼多人不怪,若在应道谢之时却不说一句致谢用语,则会使人极为不快,甚至产生反感。对于客运服务人员来讲,在下列五种情况下,理应及时使用致谢用语,向他人表达自己的感谢。一是赢得乘客理解和配合时,二是获得他人帮助时,三是感受到他人的善意时,四是婉言谢绝时,五是受到他人赞美时。

致谢用语的三种形式:

(1)标准式致谢用语。

它的主要内容通常只包括一个词——"谢谢",在任何需要致谢的情况下,均可采用此种致谢形式。如有必要,在有些情况下使用标准式致谢用语向他人道谢时,还可在其前后加上尊称和人称代词,如"谢谢,王站长""谢谢,李女士",这样做可以使其对象性更明确。

(2)加强式致谢用语。

有时,为了强化感谢之意,可在标准式致谢用语之前,加上某些副词,此即加强式的致谢用语,对其若运用得当,往往会令人感动。最常用的加强式致谢用语有"十分感谢""万分感谢""非常感谢"等。

(3)具体式致谢用语。

一般是因为某一具体事宜而向人致谢,通常将致谢的原因一并提及。例如:"有劳您帮我解决了这个问题""文案的事让您替我们费心了"。

在交往中,"谢谢"并非仅仅是客套话。这是个很有力的语言,能正确运用这两个字,就会使你的语言充满魅力。

4)征询用语

在服务过程中,客运服务人员需要以礼貌的语言向乘客进行征询。在进行征询时只有使用的必要的礼貌用语,才会取得较好的反馈。征询用语,就是客运服务人员此时应当采用的礼貌用语。主要有"您有什么事情吗?""请问您需要帮助吗?"等。主动关心别人,既热情,又有礼貌。要帮助别人做事,当然是好事,但即便如此,也要征询他人的意见。

5)应答用语

应答用语,在此特指客运服务人员在工作岗位上,用来回应乘客的疑问,回复乘客问询时使用的语言。在服务工作中,客运服务人员所使用的应答用语是否规范,往往直接反映着他的服务态度、服务技巧和服务质量。客运服务人员在使用应答用语时,基本的要求有:有问必答,灵活多变,热情周到,尽量相助。

应答用语的三种形式:

(1)肯定式应答用语。

它主要用来答复服务对象的请求。重要的是,一般不允许客运服务人员直接拒绝乘客诉求,更不允许对其置之不理。这类应答用语主要有:"好""好的""很高兴为您服务""我会尽快帮您办理"。

(2)谦恭式应答用语。

当乘客对客运服务人员的服务表示满意,或者是直接对服务人员进行口头表扬、感谢时,一般宜用此类应答用语进行应答。主要有:"请不必客气""这是我们应当做的""请多多指教"等。

(3)谅解式应答用语。

在服务对象因故向自己致以歉意时,应及时予以接受,并表示必要的谅解,如"不要紧""没有关系"等。

6)道歉用语

在服务工作中,因种种原因而带给他人不便,或妨碍、打扰对方时,客运服务人员必须及时地向对方表达自己的歉意。最常用的道歉用语有:"抱歉""对不起""不好意思"等。

2. 各岗位标准服务用语

1)售票岗位服务用语

乘客需要兑换硬币时,要清晰唱票,如:"收您5元""找您2元"。

遇到零钱不足时:"先生/女士,您好,请问您有零钱吗?""对不起,我这里的零钱刚好不够,请您稍等,好吗?"

收到残币或者假币时:"先生/女士,您好,对不起,请您换一张钞票,好吗?"

乘客询问地铁票价时:"地铁票价起步4公里以内2元;4至12公里范围内,每递增4公里加1元;12至24公里范围内,每递增6公里加1元;24公里以外,每递增8公里加1元。"

乘客想购买双程票时:"先生/女士,对不起,地铁车站没有双程票出售,单程票只能在购买的车站当日使用。"

乘客询问储值票能否多人同时使用时:"先生/女士,对不起,储值票只能一个人使用,不能多人同时使用。"

处理乘客"车票超程"时:"先生/女士,您好,您的车票已经超程,请您按规定补交超程车费2元,感谢您的配合。"

处理乘客"车票超时"时:"先生/女士,您好,您的车票已经超时,请您按规定补交超时车费10元,谢谢您的配合。"

当客服中心付费区、非付费区均有人时,对非付费区乘客解释:"各位乘客,对不起,请您稍等。"

当乘客询问小孩是否买半票:"先生/女士,您好,按照地铁规定,如果小孩没有超过1.3米,一名成年人只可以免费携带一名小孩乘坐地铁。"

乘客询问在哪里购票:"先生/女士,您好,如果您需要买单程票,可以到自动售票机处购买,储值票可在此购买。"

乘客询问到××站的票价:"先生/女士,您好,您到××站的票价为××元。"

收到乘客一张过期单程票:"先生/女士,您好,单程票只能在购买的车站当日乘坐地铁使用,您的车票已经过期,按照规定这张车票需要回收,假如您需要搭乘地铁,请您重新购买一张票。"

2) 站厅巡视岗服务用语

要求乘客排队购票(高峰期)时:"各位乘客,您好,请按秩序排队购票,多谢合作!"

需要更换自动售票机钱箱、票箱或者进行故障维修时:"先生/女士,对不起,这台设备暂停使用,请您稍等,或请使用其他设备,谢谢。"

指引乘客购票时:"请持有5元、10元纸币的乘客直接到自动售票机上购票,需兑换硬币的乘客请直接到客服中心兑换。"

引导乘客到站厅人较少的一端购票时:"各位乘客,您好,为了节省您的时间,请到人较少的自动售票机或人工售票处购票。"

某一方向列车服务终止时:"各位乘客,×号线开往××方向的列车已经停止服务,请乘客停止购票进站,不便之处,敬请原谅。"

有乘客走近时,应主动询问:"先生/女士,您好,请问有什么需要帮助吗?""先生/女士,您好,请问我能为您做点什么?"

当有乘客在站内吸烟时:"先生/女士,您好,为了您和其他乘客的安全,请不要在地铁站内吸烟。"

当发现乘客携带"三品"进站时:"先生/女士,对不起,为了您和其他乘客的安全,根据规定,您不能携带××乘坐地铁,谢谢您的合作。"

3) 站台巡视岗服务用语

列车进站前及进站时:"各位乘客/先生/女士,为了您和他人的安全,请站在黄色安全线内排队候车,多谢合作!""各位乘客/先生/女士,为了您的安全,请勿扶屏蔽门/安全门,排队候车,多谢合作!""各位乘客/先生/女士,由于现在站台乘客较多,请到站台××部候车,多谢合作!"

当站台有乘客越出黄色安全线、站台乘客较多或依靠屏蔽门时:"上车的乘客请注意,请小心列车与站台的空隙,先下后上,多谢合作!"

列车将要关门时:"各位乘客,车门即将关闭,没有上车的乘客请您耐心等待下一趟车,请不要越出黄色安全线,多谢合作!"

乘客越出黄色安全线时:"各位乘客/××,为了您和他人的安全,请站在黄色安全线内排队候车!"

乘客带气球进站乘车时:"××,您好,为了您和他人的安全,请不要携带气球乘车,谢谢合作!"

小孩在站台上追逐奔跑、打闹时:"××,您好,由于地面很滑,容易滑倒,请您带好自己的小孩,不要在站台追逐奔跑、打闹!"

有乘客走近时,主动询问:"先生/女士,您好,请问有什么需要帮助吗?""先生/女士,您好,请问我能为您做点什么?"

当有乘客在站台吸烟时:"先生/女士,您好,为了您和其他乘客的安全,请不要在地铁站内吸烟。"

列车服务终止时:"各位乘客,今天的列车已经停止服务,请您尽快出站,谢谢合作。"

乘客有物品掉落轨道时:"先生/女士,您好,请不要着急,切勿私自跳下轨道,我们的工作人员会尽快帮您拾回物品的,请您放心,谢谢合作。"

思考与练习

1. 问候的顺序是什么?
2. 自我介绍有哪些方式?
3. 握手的禁忌有哪些?
4. 称呼的原则是什么?
5. 语言礼仪的基本要求有哪些?
6. 客运服务人员的语言技巧有哪些?
7. 各岗位标准服务用语有哪些?

实训工单 4.1　会面和称呼礼仪实训

专业		班级	
实训类别	□个人实训	姓名	
	□小组实训	小组成员	

一、实训目标

熟练掌握正确的会面礼仪知识,给乘客留下良好的第一印象,提升城市轨道交通服务形象。

二、实训所需基础知识

1.问候的内容、态度和次序;

2.自我介绍方法,为他人介绍的注意事项;

3.握手的时机和规范;

4.称呼的正确使用。

三、实训要求

学生自由分组,每组人数不超过 6 人,创设一个情境,将会面和称呼礼仪融入其中,正确展示会面和称呼礼仪。

四、评分标准

序号	项目	内容	标准	得分	备注
1	情境设置	情节	情境设置真实、合理,不生硬(10 分)		
		完整	情境中包含问候、介绍、握手、称呼等礼仪应用场景(10 分)		
2	知识正确	问候	问候时态度主动、热情、大方和专注,问候内容合理,问候次序正确(20 分)		
		介绍	介绍时大方得体,贴合实际,繁简适度,注重姓名;介绍时内容选择合适,顺序正确(20 分)		
		握手	握手时机正确,握手姿势、力度、时长、伸手顺序正确(20 分)		
		称呼	称呼清晰,合乎常规,不使用禁忌性称呼(10 分)		
3	整体效果	动作编排	动作一致,神情自然,连贯,无笑场。展示内容编排巧妙,构思新颖,有较强的艺术感染力,并能凸显服务礼仪特色(5 分)		
		现场发挥	表演流畅,现场发挥好,有感染力、吸引力,现场气氛反应好;整体精神饱满,团队成员相互协调,配合默契(5 分)		
			总分		

实训工单 4.2　标准服务用语实训

专业		班级	
实训类别	□个人实训	姓名	
	□小组实训	小组成员	

一、实训目标

熟练掌握城市轨道交通常用的礼貌用语和标准服务用语，给乘客留下专业、良好的第一印象，提升城市轨道交通服务形象。

二、实训所需基础知识

1. 语言礼仪的基本要求；
2. 客运服务人员常用礼貌用语；
3. 客运服务人员标准服务用语。

三、实训要求

学生自由分组，每组人数不超过 6 人，创设一个情境，将各岗位的礼貌用语和标准服务用语融入其中，正确使用城市轨道交通服务用语。

四、评分标准

序号	项目	内容	标准	得分	备注
1	情境设置	情节	情境设置真实、合理，不生硬(10分)		
		完整	情境中包含售票岗、厅巡岗、站台岗服务用语应用场景(10分)		
2	知识正确	售票岗	售票岗服务用语正确，标准服务用语不少于3句，语言技巧合适(20分)		
		厅巡岗	厅巡岗服务用语正确，标准服务用语不少于3句，语言技巧合适(20分)		
		站台岗	站台岗服务用语正确，标准服务用语不少于3句，语言技巧合适(20分)		
3	整体效果	动作编排	动作一致，神情自然，连贯，无笑场。展示内容编排巧妙，构思新颖，有较强的艺术感染力，并能凸显服务礼仪特色(10分)		
		现场发挥	表演流畅，现场发挥好，有感染力、吸引力，现场气氛反应好；整体精神饱满，团队成员相互协调，配合默契(10分)		
		总分			

模块 5　城市轨道交通客运服务人员服务礼仪

模块描述

城市轨道交通服务人员指在轨道交通从事客运服务工作，与乘客接触、为乘客提供服务的区域站长、车站值班站长、车站值班员、站务员和车站其他服务人员等。每一位城市轨道交通服务人员在工作中以良好的礼仪行为体现对乘客的尊重和友好，展示自己的风度和内在美，既是自尊自爱的表现，也是为乘客服务的事业心和责任感、自豪感的具体反映，可以塑造员工爱岗敬业的良好形象。客运服务工作是城市轨道交通运营生产的重要组成部分，城市轨道交通服务人员需要具备综合性的服务素养，才能满足乘客需求，为乘客提供优质服务。本模块主要是帮助学生掌握城市轨道交通不同岗位的服务人员应具备的礼仪素养，在实际工作中能够针对性地为乘客提供优质服务。

教学目标

1. 思政目标

通过本模块的学习，帮助学生树立爱岗敬业、服务群众、奉献社会的职业道德修养；明礼诚信，具备优良的服务意识和奉献精神。

2. 知识目标

掌握值班站长、值班员、售票岗、厅巡岗、站台岗基本岗位职责及工作流程；掌握不同岗位的交接班标准用语及标准作业喊话内容。

3. 能力目标

熟练掌握各岗位工作流程及交接班标准用语；在工作中能准确运用各种喊话内容。

4. 素质目标

掌握值班站长、值班员、售票岗、厅巡岗、站台岗在具体服务环节中应具备的礼仪素养。

任务 1　值班站长服务礼仪

任务导入

新闻事件：2021 年 12 月 10 日，郑州地铁 2 号线陇海东路站有 1 名 13 岁左右的女孩在安检点附近哭泣。值班站长赵媛接到车控室通知后，立刻赶到现场，经了解，赵媛意识到女孩是一名聋哑人。女孩因为没有带手机而无法扫码进站乘车，她情绪很低落。考虑到女孩的心情，赵媛首先耐心地陪伴她，待女孩心情慢慢平静下来，赵媛拿出纸、笔对女孩写下，"有什么需要帮助，我们都可以帮助你"，通过这样一来一回的"交流"，赵媛了解到她要乘坐地铁回家。女孩出门时没有带手机，学生证也放在学校了，赵媛询问女孩是否携带身份证，可以通过登记身份证信息进站。不过女孩心有疑虑，赵媛用文字告诉女孩，根据要求每名乘客都要扫码或登记信息，并耐心细致安抚女孩，最终使女孩放下心中疑惑，拿出身份证让工作人员登记并顺利进站，进站时女孩脸上也露出了开心的笑容。赵媛也陪伴女孩进站，并送她坐上回家的地铁。

该事件中，值班站长展现了良好的服务素养，具备全心全意为乘客服务的意识，利用自己的专业知识，为困难乘客解决了实际问题，提供了优质的服务。

背景知识

一、值班站长的基本职责

值班站长负责全站日常的行车客运和票务管理、乘客服务、事故处理、设备日常管理、安全管理、员工培训等工作。

1. 行车、客运、票务工作内容和职责

服从行调指挥，执行行调命令；监督行车值班员接发列车；监督行车值班员操作 STC 站级工作站；按客运方案组织乘客购票乘车，组织本班售票工作，收发、回收、保管车票，填写、保管各种票务单据，在非运营时间值守车站，统计、汇总当日的客运量和营收情况报行调。

2. 乘客服务工作内容和职责

处理乘客投诉、来访；根据服务标准解决与乘客有关的问题，提供优质服务；汇总当班的服务案例、服务问题，并每月向站长汇报。

3. 事故处理工作内容和职责

车站发生事故时担任"事故处理主任"的工作，按应急方案操作；组织车站员工处理事故；尽快恢复正常。

4. 对本班组的员工管理

按规定在班前、班后组织召开接班会和交班会；合理利用人力资源；对当班人员进行监督、检查、考核；对当班员工进行培训、教育，掌握员工思想状况。

5. 安全管理工作内容和职责

确保车站行车、员工及乘客的安全；确保车站收益安全；监督车站安保工作；处理违反城市轨道交通管理条例的行为；进行车站日常安全检查；每月向站长汇报安全情况。

6. 员工培训工作内容和职责

组织实施车站培训工作；定期总结培训工作。

二、值班站长的工作流程

1. 早班

(1) 与晚班值站、行车值班员进行交接，早班值站和值班员确保掌握上一班情况。

(2) 填写台账，查阅前班交班内容、文件及会议精神。根据当天最新文件、交办工作，布置本班相关工作。

(3) 阅读近几天文件及会议精神。

(4) 检查车控室行车备品柜备品情况，检查台账、施工管理情况，接班。

(5) 与夜班值站交接完毕后，监控客运值班员交接班。巡视各岗位作业情况，布置早班工作。定期巡视各出入口、站厅、商铺、站台情况，做好记录。

(6) 检查 AFC 监控仪状态，查看票务录像。检查客服中心工作情况，处理站厅乘客事务。到点钞室检查售票员结账及客值配票情况。检查客服中心交接情况。

(7) 巡视各岗位作业情况，各出入口情况，填写相关巡视台账。

(8) 组织中班接班会，向中班员工布置工作（对没有参加接班会的员工要个别进行布置）。

(9) 视客流情况与客运值班员对 TVM 进行补币补票。

(10) 检查客服中心工作情况，处理站厅事务，做好客流组织。

(11) 处理新文件、邮件。填写相关台账及巡站记录，检查车控室行车备品柜备品，做好交班准备。

2. 晚班

（1）与早班值站、行车值班员进行交接，晚班值站和值班员确保掌握上一班情况。

（2）填写台账，查阅前班交班内容、文件及会议精神。根据当天最新文件、交办工作，布置好本班工作。

（3）阅读近几天文件及会议精神。

（4）检查车控室行车备品柜备品情况，检查台账、施工计划，接班。

（5）定期巡视各出入口、站厅、商铺、站台，做好记录。

（6）完成晚上施工作业办理：认真阅读施工行车通告及补充说明、日补充计划，给夜班行车值班员布置当晚施工重点和注意事项。根据行车值班员通知，核对施工登记和作业令，安排 A1 类施工防护设置、撤除，安排对 A2 类需站务配合的施工进行请销点协助、进场护送、过程监控、设备恢复、现场出清等工作。

（7）做好尾班车客运服务工作，组织关站，并填写相关台账。

（8）巡视车站出入口关闭情况。

（9）回收、保管售票员的客服中心钥匙，做好记录。

（10）检查当天的执法证、执法文书等相关记录。

（11）对保洁卫生完成情况进行检查。

（12）登记当天全站员工的工时。

（13）负责"运营日况"的填写并发部门；负责早、中班交班要非运营时间完成的工作。

（14）审核当天报表，打扫车控室、站长室卫生。

（15）做好运营前的行车准备工作。

①运营前 30 分钟检查线路出清情况，试验屏蔽门，联锁站及设备站检查信号设备状态，将结果报告行调。

②按要求的模式打开相关的环控设备并确认执行情况。

③在首班载客列车到达前 15 分钟打开车站照明和 AFC 设备（除进闸机外）。

④确认首班载客列车到达前 10 分钟车站全部出入口开启。

（16）安排开站及早班员工上岗。

（17）与客运值班员视需要进行补币、补票工作，巡视出入口、车站卫生、设备状态，在服务监督窗上更换本班员工相片。

（18）填写相关台账及巡站记录，检查车控室行车备品，做好交班准备。

3. 交接事项

（1）检查、清点、交接钥匙、行车备品、对讲设备以及执法证、文书、票据等；

（2）认真交接"当班情况登记本"中的内容；

（3）检查"钥匙借出登记本""施工登记本""调度命令本""行车日志""设备设施故障登记表"等台账并做好交接；

（4）检查文件、通知，核实、交接交班值班站长已完成或未完成的工作；

（5）完成交接后接班人在"当班情况登记本"上签名。

三、交接班标准用语

1. 准备交接

当班值班站长在接班人到达前,要提前填好"车站值班站长交接记录本"。

2. 交接作业

接班人到达交接班地点后,双方行注目礼后,进行交接班作业。
(1)请求交接标准用语:
晚班值班站长口呼:"晚班值班站长××请求接班。"
早班值班站长回呼:"晚班值班站长××请求接班,明白。"
(2)检查生产工具用语:
早班值班站长口呼:"请检查生产工具及设施设备是否完好。"
晚班值班站长检查无误后,回呼:"生产工具及设施设备完好。"
(3)对遗留事项及其他问题进行交接(例):
早班值班站长口呼:"今收到一份××通知,请传达班组员工,其他一切正常。"(具体交接内容按实际情况进行口述)
晚班值班站长回呼:"今收到一份××通知,请传达班组员工,其他一切正常,明白,可以接班。"

3. 交接完成

早班值班站长口呼:"请在交接本上签字确认。"双方签字确认。此时,交接班完成。

任务2 值班员服务礼仪

任务导入

某乘客在微博上表扬了一名地铁车站客运值班员。该名员工在给自动售票机进行补票程序操作时,严格执行"手指口呼"规范操作流程,给车站路过的乘客留下了很好的印象,乘客纷纷竖起大拇指表示称赞。

车站客运值班员和行车值班员的言行举止、作业规范等同样也代表了公司形象。在客运服务工作中,也需要不断提高礼仪素养,全心全意为乘客提供优质服务。

> 背景知识

一、值班员的基本职责

值班员岗位可分为行车值班员和客运值班员。共同职责：在值班站长的领导下开展工作，对当班站务员的工作进行安排、指导、监督；向值班站长汇报本班设备、设施运作情况和各岗位工作情况；向本班组、车站、部门提出本人的建议和意见；在紧急情况下协助值班站长执行相关应急处理预案。

1. 客运值班员

（1）在值班站长的领导下，负责车站客运、票务管理，组织售票岗、巡视岗从事票务及客运服务工作；

（2）负责 AFC 设备补币、补票以及更换钱箱、票箱等工作，负责为售票员配票、结账；

（3）负责统计车站营收，填写及保管各种票务单据；

（4）负责车站收益解行；

（5）协助值班站长管理站务员，处理乘客事务，监督售票员、巡视岗在岗工作情况；

（6）紧急情况下，协助值班站长处理紧急事务，执行应急预案。

2. 行车值班员

（1）在值班站长的领导下，负责车站行车组织工作，按有关规定操作和监控行车设备。

（2）负责值守车站控制室，监控车控室内各项设备、设施状态，发现故障及异常情况及时按有关程序处理。

（3）负责运营生产信息的上传下达，及时处理外部信息和报出本站信息。

（4）操作、监控信号设备运行（未设置专职信号设备操作员、监控员的车站）。

（5）信号设备停用时负责办理人工组织行车手续。

（6）对当班施工管理工作负责。

（7）协助值班站长进行人员工作安排及管理。

二、值班员的工作流程

1. 客运值班员

1）早班

（1）签到。

(2)与夜班值班员当面交接,检查点钞室票务备品、票务钥匙;检查夜班台账填写情况;根据交接班本、票务系统检查票款、备用金及库存车票情况;翻阅新票务通知,掌握本班工作重点;检查点钞室、客服中心卫生。

(3)审核上日票务报表。

(4)到站台交报表,检查客服中心工作情况,处理站厅乘客事务,开展票务业务抽问。

(5)给顶岗班配票。

(6)顶站厅岗位吃饭,自己吃午饭。

(7)巡站:巡视全站,检查早班客服中心交接情况,处理站厅乘客事务,配合 AFC 人员维修。

(8)为中班人员配票,填写相关台账。

(9)与早班售票员结账。

(10)与值站共同打包票款。

(11)安排站务员更换票箱。

(12)处理乘客事务,检查客服中心。

(13)顶中班岗位吃饭,自己吃晚饭。

(14)整理点钞室内务。

(15)交接尾箱。

(16)与顶岗班结账。

(17)巡站,处理乘客事务。

(18)根据运作需要更换、清点钱箱。

(19)整理所有现金、车票、备品,准备交接。

(20)与晚班值班员交接。

(21)签走。

2)晚班

(1)签到。

(2)巡站,处理乘客事务。

(3)与早班值班员当面交接,检查点钞室票务备品、票务钥匙;检查台账;根据交接班本、票务系统检查票款、备用金、库存车票;翻阅新票务通知,掌握本班工作重点。

(4)根据运作需要更换、清点钱箱。

(5)与中班售票员结账。

(6)完成当日报表及账册,与值班站长清点补币备用金。

(7)休息。

(8)根据运作需要给 TVM 补币、补票。

(9)给早班配票。

(10)巡站,处理乘客事务。

(11)与早班值班员交接。

(12)签走。

2. 行车值班员

1）早班

（1）与晚班行值交接。检查所有钥匙、行车备品柜内物品、车控室内设备，填写交接台账，详细阅读"当班情况登记本"，了解上一班工作情况、相关重要文件、通知以及本班须完成工作。查阅上一班的"施工登记本"、"施工请销点情况控制表"、"车站运营前检查工作流程表"、"设备设施故障登记本"（包括 AFC 故障报修记录）、"调度命令本"，了解清楚上一班的故障、施工和调度命令发布的情况。接班后必须立即登录调度命令发布系统、信号设备。

（2）监控各岗位工作情况，监控信号设备运行情况。

（3）定期查看 FAS、主控系统（或 EMCS）、AFC 等各系统设备运行状态。

（4）密切监视 CCTV，列车进出车站时监视列车运行状态、乘客上下车情况及站台工作人员情况。

（5）播放相应广播。

（6）负责信息传达、处理。

（7）吃饭及顶岗。

（8）安排人员收、发文件，传达重要文件的信息。

（9）掌握车站各岗位人员动态、客流情况、站外天气情况等，将变动及时报告值班站长，合理安排好各岗位工作。

（10）做好交接前的准备工作，把须下一班完成的工作交接清楚。

2）晚班

（1）与早班行值交接。检查所有钥匙、行车备品柜内物品、车控室内设备，填写交接台账，详细阅读"当班情况登记本"，了解上一班工作情况、相关重要文件、通知以及本班须完成工作。查阅上一班的"施工登记本"、"施工请销点情况控制表"、"车站运营前检查工作流程表"、"设备设施故障登记本"（包括 AFC 故障报修记录）、"调度命令本"，了解清楚上一班的故障、施工和调度命令发布的情况。接班后必须立即登录调度命令发布系统、信号设备。

（2）做好夜间施工作业手续办理的预想。认真阅读施工行车通告及补充说明、日补充计划等，与夜班值班站长核对当晚施工重点和注意事项。

（3）定期查看 FAS、主控系统（或 EMCS）、AFC 等系统设备运行状态。

（4）密切监视 CCTV，列车进出车站时监视列车运行状态、乘客上下车情况及站台工作人员情况。

（5）收车前按规定播放提醒广播，提醒监督站务员按要求设置各方向尾班车服务时间告示。

（6）提醒监督按时关站。

（7）按照规定做好施工管理、配合等工作。核对施工登记和作业令，组织请销点，安排本站的施工防护和施工配合。

（8）运营前 30 分钟提醒值班站长开展运营前检查，核对线路出清情况，试验屏蔽门状态。联锁站及设备站检查信号设备状态,将检查结果报告行调。

(9)执行相关环控模式,检查运行情况。

(10)在首班载客列车到达前15分钟打开车站照明和AFC设备(除进闸机外)。

(11)打扫车控室。

(12)监督早班员工到岗情况。

(13)做好交班前的准备工作,把须下一班完成的工作交接清楚。

三、交接班标准用语

接班人到达交接班地点后,双方行注目礼后,进行交接班作业。

标准用语:

晚班值班员口呼:"晚班值班员××请求接班。"

早班值班员回呼:"晚班值班员××请求接班,明白。"

任务3　售票岗服务礼仪

任务导入

一名乘客在车站TVM购票时,不会操作,于是到客服中心要求购买单程票。售票岗员工按规定未给予售票,眼睛也不看乘客,低着头口头告知该乘客要去TVM购票,不耐烦地挥舞着手臂指向自动售票机的方向。乘客对此态度表示强烈不满,两人因此发生争执。

本案例中,售票岗员工在岗位工作中,未注意手势等仪态标准,未注意"十字文明服务用语"等语言标准,导致传递给乘客不耐烦、态度恶劣的服务形象,对本人及公司声誉都造成不好的影响。

背景知识

一、售票岗的基本职责

售票岗工作地点位于站厅售票厅内,主要工作内容包括:依据乘客需要,在半自动售票机上为乘客提供售票、票卡及分析等服务;为乘客提供咨询服务;服从车站值班站长安排;确保岗位环境整洁;正确填写相应报表和台账等。

(1)上岗前应按照岗位通用标准的规定穿着制服、工作鞋;佩戴服务标识(包括领带、领花、工号牌、头饰等)。

(2) 上岗前参加班前点名,听取车站站长布置一日工作事项。

(3) 带好工作用品,领取足够数量的票卡,备足备用金(包括纸币和硬币),带好抽屉钥匙、发票等,并做好领用记录。

(4) 用自己的密码登录,备足发票。

(5) 严禁携带私款、卡等与工作无关的物品进售票亭。

(6) 售票亭门必须保持锁闭,严禁无关人员进入人工售票亭。

二、售票岗的工作流程

1. 早班

(1) 按规定时间到站,到车控室了解当天工作注意事项、交班提醒事项等,到点钞室配票,做好上岗前的准备。

(2) 与中班售票员进行交接。

(3) 开窗售票。

① 保持客服中心的整洁,票证、报表、钱袋摆放整齐。

② 做好工作预想,当报表、硬币、车票、发票数量不够时,提前向客值或车控室报告。

③ 按运营事业总部票务运作管理规定做好现金、车票、发票的管理及客服中心安全管理。

④ 售票员兼任厅巡岗的,5 分钟没有业务需处理时,须到站厅执行厅巡岗职责。

⑤ 严格按售票标准化作业程序工作,处理车票前后要让乘客确认显示屏,按规定给乘客 BOM 小单。售票员标准化作业程序如表 5-1 所示。

表 5-1 售票标准化作业程序

步骤	程序	内容
1	收	收取乘客购票的票款
2	唱	讲出票款金额,重复乘客要求的购票张数和车票类型,如未听清乘客的要求,应主动礼貌地询问
3	操作	正确、迅速地操作: a. 检验钞票真伪,如怀疑钞票为伪钞,要求乘客另换钞票。 b. 在 BOM 上选择相应功能键,处理车票
4	找	清楚说出找赎金额、车票张数等,将车票和找赎的零钱一起礼貌地交给乘客

⑥ 顶岗吃饭时按规定进行交接,及时登录、退出 BOM,锁闭、加封好票盒,离开客服中心。

⑦ 售票结束与接班售票员进行票务备品、票务钥匙、对讲设备、卫生的交接,交接完毕,将本班的报表、车票、所有现金收拾好拿回点钞室。

⑧ 使用手推车双人护送回点钞室。

⑨按结账程序进行结账后,听从值班站长安排,协助其他工作,或学习文件。
⑩参加车站的交班会议后到车控室签走。

2. 中班

(1)准时到车控室签到,到车控室了解当天工作注意事项、交班提醒事项等,到点钞室配票。
(2)按流程开展岗位工作(与早班流程一致)。
(3)做好尾班车的服务工作。
①本站开往线网某方向列车停止服务时间已到达时,对准备进站乘车的乘客要做好提醒,告知乘客线网部分线路列车服务已终止,进闸乘客须注意各方向尾班车时间。
②主动做好乘客服务工作,发现有乘客购买已停止服务方向的车票或已进闸的,要及时劝止。
(4)列车服务结束,确认全部乘客已出站,退出 BOM,摆好"暂停服务"牌,做好客服中心卫生清洁,整理好客服中心内务。将所有的车票、现金整理好拿回点钞室。
(5)按结账程序进行结账。
(6)结账完毕到值班站长处报到,按值班站长安排继续工作,或休息。
(7)开站前 5 分钟向值班站长领取客服中心钥匙,到点钞室配票,做好开窗准备。
(8)到达客服中心,检查对讲设备能否正常使用。
(9)检查客服中心票务设备,备品的状态、数量(如验钞机、分钞盒、发票等),核对与"售票员交接班本"内的备品数量是否一致,签名确认。
(10)检查客服中心卫生,客服中心外栏杆、立柱的摆设。
(11)检查客服中心内有无来历不明的现金、车票。
(12)开窗服务。

3. 交接程序

1)交班

(1)退出 BOM,报告车控室。
(2)将抽屉里的钱和车票整理放入票盒。
(3)将硬币清理好装回硬币袋。
(4)拿走本班的钱袋。
(5)填写"售票员交接班本"。
(6)回 AFC 点钞室结账。

2)接班

(1)交接票务钥匙,填写交接台账。
(2)登记进入 BOM,报车控室。
(3)摆放好车票。
(4)叠放好一盘硬币,将备用金放入抽屉。

三、售票岗交接班标准用语

(1)"中班/售票员××请求接班/换岗。"
(2)"中班/售票员××请求接班/换岗,明白。请检查生产工具及设施设备是否完好。"
(3)"生产工具及设施设备完好。"
(4)"售票系统已退出,请确认。"
(5)"售票系统已退出,确认无误。"
(6)"早班/班中无任何遗留问题,其他一切正常。"
(7)"早班/班中无任何遗留问题,其他一切正常,明白,可以接班/换岗。"

四、售票岗标准作业喊话

1. 配票喊话

(1)"×班售票员××请求配票。"
(2)"×班售票员××请求配票,明白。售票员××,配发××××。请确认!"
(3)"售票员××,领到××××。确认无误。"
(4)"请在'车站售票员配票、回收票款单'签字确认!×班售票员××,工号××,配发××××。请确认。"
(5)"确认无误,可以审核。"

2. 结算喊话

(1)"×班售票员××请求结算。"
(2)"×班售票员××请求结算,明白。请清点票款。"
(3)"售票员××上交××××,请确认。"
(4)"售票员××上交××××,确认无误。请在'车站售票员配票、回收票款单'签字确认!""×班售票员××,工号××,上交××××,请确认。"
(5)"确认无误,可以审核。"

任务 4　厅巡岗服务礼仪

任务导入

乘客携带长约 2 米的直筒状物品进站。厅巡发现后,直接冲到乘客面前,怒气冲冲地说:"谁让你带进来的?这么长不能带进地铁的,你不知道吗?"乘客与其理论。在整个过程中,厅巡语气咄咄逼人,态度蛮横,引起乘客不满,后导致乘客投诉。

本案例中,厅巡人员制止乘客违规携带物品进站属于职责范围内的事情,理应表扬其履行岗位职责。但是,在劝阻乘客的过程中,未使用文明用语,且态度蛮横,严重违反了乘客服务工作标准的相关要求,最终导致乘客投诉。

背景知识

一、厅巡岗的基本职责

厅巡岗工作地点位于车站站厅。厅巡岗主要负责站厅、出入口及出入口外车站管理范围内的巡视和秩序维持,负责解答乘客问询,为乘客提供个性化服务;引导乘客正确操作AFC设备,处理与乘客相关的票务事宜等。

(1)注意站厅付费区、非付费区乘客的动态,发现有违反地铁规定的要及时制止。

(2)帮助乘客,回答乘客询问,特别注意帮助老、弱、病、残、孕和有困难乘客。解决乘客问题,为乘客提供优质服务。

(3)负责协助值班站长、值班员及时更换钱箱、票盒,引导不能正常进出闸的乘客到票务处(客服中心)处理。

(4)负责站厅员工通道门的管理,对通过通道门进出的人员进行严格登记。

(5)向值班站长报告不正常情况,向客运值班员报告处理不了的问题。

(6)留意地面卫生,对水渍、杂物等及时清理和设置警示牌,防止乘客摔倒。

(7)负责检查自动扶梯的状态是否良好。

(8)负责进站的重点乘客(年老体弱者、小孩、神色异常者、残疾乘客等)安全,及时发现隐患并通知其他岗位,必要时通知车控室,以便通知目的地站接应。

(9)关注老年及行动不便的乘客出、入闸后的动向,指引其走楼梯。必要时扶助其上下站台或进出站。

(10)发现乘客携带行李吃力时主动提供帮助(尤其对老年乘客)。必要时通知车控室,以便通知目的地站接应。

(11)多留意扶梯口,发现乘客在徘徊、试探上扶梯时应及时指导或指引其走楼梯。

(12)与站台岗做好互控,互相通报上下站厅的重点乘客动态。

(13)注意乘客携带的物品,严禁乘客携带"三品"(易燃品、易爆品及毒害与放射性物品)进站。

(14)发现乘客携带超大、超长、超重物品时禁止其进站乘车,并对乘客耐心解释。

(15)当值班站长、值班员不在站厅时负责接受乘客的口头表扬、投诉或建议,做好记录,及时向值班站长汇报。

(16)发现精神异常、醉酒的乘客禁止其进站乘车,及时汇报车控室,必要时请求警务人员或其他同事协助,并注意自我保护。

(17)在站厅、出入口范围发生的治安、安全事件,要及时赶到,保护现场,寻找两名及以上目击证人,对伤者可使用外用药。

(18)在站厅、出入口范围发现非地铁宣传品时,及时采取措施并报告车控室。

(19)负责站厅、出入口设备、设施的安全,运营时间内每2小时巡视一遍出入口并将巡视情况报车控室,车控室做记录。发现有故意损坏或偷窃地铁设备设施行为时及时制止,留下肇事人,报车控室处理。

(20)负责站厅、出入口的客流组织工作,及时疏导乘客,防止乘客过分拥挤或排长队,客流变化时及时汇报车控室。

(21)根据车站安排开关出入口。

(22)负责站厅票务工作的安全保卫。

(23)协助值班站长、值班员做好团体乘客进出站的客流组织工作。

二、厅巡岗的工作流程

1. 早班

(1)上岗前到车控室签到,了解当天工作注意事项,学习有关通知。

(2)领取相关钥匙及备品。清点扶梯钥匙、边门钥匙等。在"钥匙借用登记本"上登记。领取对讲机,在"车站备品领(借)用登记本"上登记。

(3)带齐工作备品准时到岗。

(4)工作中的注意事项:

①早班巡视岗上岗后,立即对各出入口、站厅巡视一遍,之后每一小时巡视一次,按巡视制度对车站的各项设施进行巡视并向车控室汇报。

②引导乘客正确操作 AFC 设备,注意 AFC 设备故障情况,发现问题及时报车控室,并在故障设备前放置"暂停服务"提示牌。

③认真解答乘客问询,按"首问负责制"原则给予乘客正确指引。

④定期检查出闸机,发现单程票遗留时,投放到单程票回收箱。

⑤对乘客违反乘车守则的行为进行制止。

⑥稽查乘客使用特种车票情况,抽查使用特种车票的乘客是否符合规定。

⑦不巡视时在进闸机组附近巡查,注意站厅所有人员、物品的动态,重点防止"三品"进站。

⑧离开岗位必须得到车控室同意。

⑨发生客伤、车门/屏蔽门夹人/夹物等情况时,要及时赶到现场处理,寻找目击证人,现场取证,维持现场秩序。

(5)客服中心或 TVM 前乘客排长队时,协助客服中心缓解排队客流,指引乘客到人少的一端购票或购买预制票。

(6)听从车控室安排,协助处理车站突发事件。

(7)按规定与售票员进行交接,顶岗吃饭。
(8)按照车站要求协助对设备区房间卫生进行清洁。
(9)协助客运值班员更换 TVM 钱箱、闸机票筒等。
(10)与中班交接班,把扶梯钥匙、边门钥匙、对讲机等工作备品进行交接,并将交接情况报车控室。
(11)到车控室听从值班站长安排,协助其他工作或学习文件。
(12)参加车站的交接班会议,到车控室签走。

2. 中班

(1)上岗前到车控室签到,参加车站交接班会议,了解当天工作注意事项,学习有关通知。接班前巡视站厅、出入口一次,之后每一小时巡视一次。
(2)其他与早班厅巡岗工作流程一致。
(3)下班前,必须将扶梯钥匙、边门钥匙、对讲机等备品交还车控室,并在相应台账上注销。

三、厅巡岗交接班标准用语

(1)接班人口呼:"中班/厅巡员×××(姓名)请求接班/换岗。"
(2)交班人回呼:"中班/厅巡员×××(姓名)请求接班/换岗,明白,请检查生产工具是否完好。"
(3)接班人口呼:"生产工具完好。"
(4)交班人口呼:"早班/班中无任何遗留问题,其他一切正常。"
(5)接班人回呼:"早班/班中无任何遗留问题,其他一切正常,明白,可以接班/换岗。"

四、厅巡岗标准作业喊话

1. 配发备用金喊话

(1)"早/中班厅巡员××请求配发 TVM 备用金。"
(2)"早/中班厅巡员××请求配发 TVM 备用金,明白。"
(3)"厅巡员×××配发 TVM 备用金××元。请确认!"
(4)"厅巡员×××领到 TVM 备用金××元,确认无误。"
(5)"请在'车站售票员配票、回收票款单'签字确认!"

2. 结算喊话

(1)"早/中班厅巡员××请求结算。"
(2)"早/中班厅巡员××请求结算,明白。请清点备用金。"

(3)"厅巡员××上交 TVM 备用金××元。请确认。"
(4)"厅巡员××上交 TVM 备用金××元。确认无误。"
(5)"请在'车站售票员配票、回收票款单'签字确认!"

3. 进站引导喊话

(1)"您好,请在这里刷卡,谢谢。"(加引导手势)(针对个别乘客)
(2)"请各位乘客分散进站,右手刷卡,左边进站,谢谢。"(针对大批乘客)
(3)"请带小孩的乘客将小孩抱起通过闸机,避免夹伤,谢谢。"(重点乘客)
(4)"××××/××××方向在这/那/左/右边。"(加引导手势)

4. 出站引导喊话

(1)"您好,请在这里刷卡,谢谢。"(储值卡出站)
(2)"您好,请将单程票投入回收口,谢谢。"(加手势引导)(个别乘客)
(3)"请各位乘客分散出站,将单程票投入回收口,储值卡刷卡出站。"(大批量乘客)
(4)"请带小孩的乘客将小孩抱起通过闸机,避免夹伤,谢谢。"(重点乘客)

5. 专用通道进出站喊话

(1)"您好,需要帮助吗?"
(2)"对不起,请出示您的证件,我们需要进行登记。"(按照相关规定进行登记)
(3)"谢谢,请收好您的证件。"
(4)"××××/××××方向(出站)请往这/那/左/右边走。"

任务5 站台岗服务礼仪

任务导入

某日,一位母亲带着孩子在站台上候车,孩子喝完饮料,母亲随手将饮料瓶扔到了地上,又随即把给孩子擦嘴的纸巾也扔到了地上。站台站务员上前制止,要求其捡起东西放到垃圾桶里,并且用食指指着乘客小声嘀咕道:"真没素质,孩子还在身边呢,上梁不正下梁歪,以后怎么教育孩子……"这位母亲听到后不乐意,和站务员争吵了起来……

案例中,站务员制止乘客乱扔东西的行为值得肯定。但是站务员在制止乘客时带有主观情绪,对乘客直接进行指责,没有注意使用文明用语,没有注意服务手势,态度不好,得理不饶人,最终让乘客觉得难堪而引发了进一步的冲突。

> 背景知识

一、站台岗的岗位职责

站台岗工作地点位于车站站台,主要工作内容包括:指导乘客正确使用有效票卡进出站;维护车站良好的运营秩序及本岗位卫生;监督闸机的运行状况;为乘客提供咨询服务;服从车站值班站长安排;确保岗位环境整洁等。

(1)上岗前应按照岗位通用标准的规定穿着制服、工作鞋;佩戴服务标识(包括领带、领花、工号牌、头饰等)。

(2)上岗前参加班前点名,听取车站站长布置一日工作事项。

(3)带好工作用品,领取足够数量的票卡,备足备用金(包括纸币和硬币)、发票及岗位所属专用通道钥匙或门卡,做好领用记录。

(4)交接班时需交接对讲机、信号旗、屏蔽门或安全门钥匙等必需品,确保工具状态良好。

二、站台岗的工作流程

1. 早班

(1)上岗前到车控室签到,了解当天工作注意事项,学习有关通知。

(2)领取相关钥匙及备品。清点扶梯钥匙、屏蔽门钥匙及站台监控亭(备品间)钥匙等,在"钥匙借用登记本"上登记。领取对讲机/无线手持台,在"车站备品领(借)用登记本"上登记。

(3)带齐工作备品准时到岗。

(4)工作中的注意事项:

①早班巡视岗上岗后,立即对站台巡视一遍,之后每半小时巡视一次,按巡视制度对站台的消防设备设施状态、屏蔽门/安全门状态、扶梯运行状态、站台监控亭(备品间)内各项设施及警示标志等进行巡视,有异常向车控室汇报。

②巡视的同时,维持站台乘客上下车秩序,指引乘客按地面指示标志排队候车。

③列车进站时,按站台岗接发列车的作业标准接发列车,监视列车运行状态、监控乘客上下车,处理在接发列车过程中发生的突发事件。

④车门故障时,协助司机处理,及时张贴故障贴纸。

⑤屏蔽门/安全门故障时,按"先通后复"的原则进行处理,故障未恢复时,及时张贴故障贴纸。

⑥车门与屏蔽门/安全门之间的缝隙夹人时,按"一按二呼三汇报"程序执行,立即按压急停按钮同时通知司机,再向车控室汇报事件具体内容。协助乘客离开车门/屏蔽门/安全

门,了解事件原因,若有人员受伤,寻找两名及以上目击证人,交值班站长处理。

⑦遇乘客的物品掉落轨道时,立即做好乘客安抚工作,通知值班站长到场处理。

(5)与中班交接班,把屏蔽门钥匙及站台监控亭(备品间)钥匙、对讲机/无线手持台等工作备品进行交接,并将交接情况报车控室。

(6)到车控室听从值班站长安排,协助其他工作或学习文件。

(7)参加车站的交接班会议,到车控室签走。

2. 中班

(1)上岗前到车控室签到,参加车站交接班会议,了解当天工作注意事项,学习有关通知。

(2)其他与早班站台巡视岗工作流程一致。

(3)下班前,将屏蔽门钥匙及站台监控亭(备品间)钥匙、对讲机/无线手持台等备品交还车控室,并在相应台账上注销。

三、站台岗交接班、换岗标准用语

1. 站台岗交接班标准用语

(1)接班人到达交接班地点后,接班人员应在交班人员空闲时站在其正前方,双方行注目礼后,进行交接班作业。

(2)交接班标准用语:

中班站务员口呼:"中班站务员×××(姓名)请求接班。"

早班站务员回呼:"中班站务员×××(姓名)请求接班,明白,请检查生产工具是否完好。"

中班站务员应仔细检查后口呼:"生产工具完好。"

(3)班中无任何问题时:

早班站务员口呼:"早班无任何遗留问题,其他一切正常。"

中班站务员回呼:"早班无任何遗留问题,其他一切正常,明白,可以接班。"

(4)班中有问题时:

早班站务员口呼:"××号电扶梯有异响,已报修,还未修复,请跟进。其他一切正常。"

中班站务员回呼:"××号电扶梯有异响,已报修,还未修复,请跟进。其他一切正常,明白,可以接班。"

2. 当班期间换岗标准用语

(1)接岗人到达交换岗地点后,接岗人员应在交岗人员空闲时站在其正前方,双方行注目礼后,进行换岗作业。

(2)班中换岗时标准用语如下:

接岗人员口呼:"×××(岗位)请求换岗。"

交岗人员回呼:"×××(岗位)请求换岗,明白。"

如有生产工具:

接岗人员口呼:"站务员×××请求换岗。"

交岗人员回呼:"站务员×××请求换岗,明白。请检查生产工具是否完好。"

接岗人员仔细检查后口呼:"生产工具完好。"

(3)班中无问题时:

交岗人员口呼:"班中无任何遗留问题,其他一切正常。"

接岗人员回呼:"班中无任何遗留问题,其他一切正常,明白,可以换岗。"

(4)如有问题时:

交岗人员口呼:"××号电扶梯有异响,已报修,还未修复,请跟进。其他一切正常。"

接岗人员回呼:"××号电扶梯有异响,已报修,还未修复,请跟进。其他一切正常,明白,可以换岗。"

四、站台岗标准作业喊话

(1)"候车的乘客请往站台中部走(根据实际情况),依次排队,分散乘车。"

(2)"列车即将到站,请不要触碰屏蔽门,注意安全。"

(3)"请文明乘车,注意安全,为有需要的乘客让座。"

(4)"请先下后上/依次排队(始发站),文明乘车,为有需要的乘客让座。"

(5)"上车的乘客请往车厢里面走,不要拥挤在车门处,谢谢您的配合。"

(6)"乘坐电扶梯的乘客,请握紧扶手,照顾好身边的老人和小孩,请不要将头、手伸出扶手带外,以免夹伤。"

(7)"请走楼梯的乘客,注意脚下台阶,照顾好身边的老人和小孩,谢谢!"

思考与练习

1. 值班站长的岗位职责有哪些?
2. 值班站长的工作流程是什么?
3. 值班站长标准交接用语有哪些?
4. 值班员的岗位职责有哪些?
5. 值班员的工作流程是什么?
6. 值班员标准交接用语有哪些?
7. 售票员的岗位职责有哪些?
8. 售票员的工作流程是什么?
9. 售票员标准交接用语以及喊话有哪些?
10. 厅巡的岗位职责有哪些?
11. 厅巡的工作流程是什么?
12. 厅巡标准交接用语以及喊话有哪些?

13. 站台的岗位职责有哪些？
14. 站台的工作流程是什么？
15. 站台标准交接用语以及喊话有哪些？

实训工单 5.1　值班站长岗位实训

专业		班级	
实训类别	□个人实训	姓名	
	□小组实训	小组成员	

一、实训目标

掌握值班站长岗位服务的工作流程及客运服务工作标准。

二、实训所需基础知识

1. 值班站长岗位的基本职责；
2. 值班站长岗位的工作流程；
3. 值班站长岗位标准作业喊话用语。

三、实训要求

以小组为单位，收集地铁公司真实的服务案例，进行演练和分析。

四、评分标准

序号	项目	内容	标准	得分	备注
1	案例展示	案例选题	剧本台词紧扣主题，语言和谐，内容向上，具有启发性(15分)		
		展现效果	剧情感染力强，展示内容编排巧妙，构思新颖，有较强的艺术感染力，并能凸显服务礼仪特色(45分)		
		展示纪律	进场出场迅速有序、注重礼节、表现得体、说话清楚、标准(10分)		
2	案例分析	准确性	能准确分析案例中值班站长的工作内容、职责等(15分)		
		启发性	能针对案例进行经验技巧总结(15分)		
			总分		

实训工单 5.2　值班员岗位实训

专业		班级	
实训类别	□个人实训	姓名	
	□小组实训	小组成员	

一、实训目标

掌握值班员岗位服务的工作流程及客运服务工作标准。

二、实训所需基础知识

1. 客运值班员、行车值班员岗位的基本职责；
2. 客运值班员、行车值班员岗位的工作流程；
3. 客运值班员、行车值班员岗位标准作业喊话用语。

三、实训要求

以小组为单位，收集地铁公司真实的服务案例，进行演练和分析。

四、评分标准

序号	项目	内容	标准	得分	备注
1	案例展示	案例选题	剧本台词紧扣主题，语言和谐，内容向上，具有启发性(15分)		
		展现效果	剧情感染力强，展示内容编排巧妙，构思新颖，有较强的艺术感染力，并能凸显服务礼仪特色(45分)		
		展示纪律	进场出场迅速有序、注重礼节、表现得体、说话清楚、标准(10分)		
2	案例分析	准确性	能准确分析案例中值班员的工作内容、岗位职责等(15分)		
		启发性	能针对案例进行经验技巧总结(15分)		
			总分		

实训工单 5.3 售票岗实训

专业		班级	
实训类别	□个人实训	姓名	
	□小组实训	小组成员	

一、实训目标

掌握售票岗服务的工作流程及客运服务工作标准。

二、实训所需基础知识

1. 售票岗位的基本职责；
2. 售票岗位工作流程；
3. 售票岗位标准作业喊话用语。

三、实训要求

以小组为单位，收集地铁公司真实的服务案例，进行演练和分析。

四、评分标准

序号	项目	内容	标准	得分	备注
1	案例展示	案例选题	剧本台词紧扣主题,语言和谐,内容向上,具有启发性(15分)		
		展现效果	剧情感染力强,展示内容编排巧妙,构思新颖,有较强的艺术感染力,并能凸显服务礼仪特色(45分)		
		展示纪律	进场出场迅速有序、注重礼节、表现得体、说话清楚、标准(10分)		
2	案例分析	准确性	能准确分析案例中售票岗的工作内容、岗位职责等(15分)		
		启发性	能针对案例进行经验技巧总结(15分)		
总分					

实训工单 5.4　厅巡岗位实训

专业			班级	
实训类别	□个人实训		姓名	
	□小组实训		小组成员	

一、实训目标

掌握厅巡岗服务的工作流程及客运服务工作标准。

二、实训所需基础知识

1.厅巡岗位的基本职责；

2.厅巡岗位工作流程；

3.厅巡岗位标准作业喊话用语。

三、实训要求

以小组为单位，收集地铁公司真实的服务案例，进行演练和分析。

四、评分标准

序号	项目	内容	标准	得分	备注
1	案例展示	案例选题	剧本台词紧扣主题,语言和谐,内容向上,具有启发性(15分)		
		展现效果	剧情感染力强,展示内容编排巧妙,构思新颖,有较强的艺术感染力,并能凸显服务礼仪特色(45分)		
		展示纪律	进场出场迅速有序、注重礼节、表现得体、说话清楚、标准(10分)		
2	案例分析	准确性	能准确分析案例中厅巡岗的工作内容、岗位职责等(15分)		
		启发性	能针对案例进行经验技巧总结(15分)		
			总分		

实训工单 5.5　站台岗位实训

专业			班级	
实训类别	□个人实训		姓名	
	□小组实训		小组成员	

一、实训目标

掌握站台岗服务的工作流程及客运服务工作标准。

二、实训所需基础知识

1. 站台岗位的基本职责；
2. 站台岗位工作流程；
3. 站台岗位标准作业喊话用语。

三、实训要求

以小组为单位，收集地铁公司真实的服务案例，进行演练和分析。

四、评分标准

序号	项目	内容	标准	得分	备注
1	案例展示	案例选题	剧本台词紧扣主题，语言和谐，内容向上，具有启发性(15分)		
		展现效果	剧情感染力强，展示内容编排巧妙，构思新颖，有较强的艺术感染力，并能凸显服务礼仪特色(45分)		
		展示纪律	进场出场迅速有序、注重礼节、表现得体、说话清楚、标准(10分)		
2	案例分析	准确性	能准确分析案例中站台岗的工作内容、岗位职责等(15分)		
		启发性	能针对案例进行经验技巧总结(15分)		
			总分		

模块 6　城市轨道交通列车司机和维修人员服务礼仪

模块描述

本模块主要是帮助学生掌握城市轨道交通列车司机服务礼仪,掌握城市轨道交通列车司机的基本职责,解决城市轨道交通列车服务的常见问题,培养踏实严谨、精益求精、追求卓越的工匠精神。

教学目标

1. 思政目标

通过本模块的学习,帮助学生强化服从管理、遵守纪律的意识,培养爱岗敬业的精神以及踏实严谨、精益求精、追求卓越的工匠精神。

2. 知识目标

掌握城市轨道交通列车司机的仪表要求、着装要求和行为举止要求;掌握城市轨道交通列车司机的基本职责;了解列车司机及车站维修人员的服务内容和服务要求;熟悉列车司机对常见问题与紧急情况的处理措施;熟悉列车广播服务;熟悉车站维修人员对常见问题的处理措施。

3. 能力目标

掌握城市轨道交通列车司机的仪容仪表要求、着装要求和行为举止要求;能够按照相关规定解决城市轨道交通列车服务中的常见问题;列车上发生特殊情况时,能够运用列车广播及时宣传和引导。

4. 素质目标

具备爱岗敬业的精神和服从管理、遵守纪律的意识。培养踏实严谨、精益求精、追求卓越的工匠精神。

任务1　城市轨道交通列车司机服务要求内容

任务导入

2017年4月20日,一张乘客被夹在地铁屏蔽门与列车车门之间的照片引起了广大网友的关注。这一幕发生在上海某地铁站。当时,这位乘客一直低着头看手机,没看列车运行方向就直接走上了列车,在车门即将关闭时,突然想起坐错了方向,便急忙下车,然后被夹在了屏蔽门与列车车门之间。幸好列车司机在发现异常情况后,第一时间开门,该乘客才顺利脱险。地铁方面表示,列车司机严格按照规定操作,会在确认列车周围没有异常情况后才启动列车。当时,列车司机停站观察时,发现第五节车厢的第四扇车门处,屏蔽门与列车车门之间有乘客被夹住,便立即开门将该乘客解救出来。

思考:列车司机的主要职责是什么?

背景知识

一、列车司机的服务内容

列车司机(见图6-1)的服务内容如下:
(1)接收、记录、传达、执行行车指示、命令。
(2)进行列车的技术性能(如车辆和车载信号设备、牵引设备、制动设备、电气设备等)检查和功能检测。

图6-1　列车司机

(3)驾驶列车驶入指定的线路、位置。

(4)操作列车车门、屏蔽门、列车广播等设备,完成列车进出站和乘客运输作业。

(5)按照在突发事件、设备故障和恶劣天气情况下的行车要求,完成非正常和应急情况下的行车作业。

(6)处理突发事件,进行乘客疏散作业、列车救援作业。

(7)填写台账、报告,办理交接班。

(8)协助完成车辆段和停车场内的调车、洗车作业。

二、列车司机的岗位及服务要求

1. 司机基本素质要求

(1)年满18周岁,男性不宜超过55周岁,女性不宜超过50周岁;

(2)身高不低于160 cm、不高于190 cm;

(3)身体健康,无精神病史或癫痫病史,无运动功能障碍或妨碍安全驾驶的疾病;

(4)双眼裸眼视力不低于0.8,或者矫正视力不低于1.0(5.0),无色盲,听力正常;

(5)具有良好的汉字读写能力,并能熟练应用普通话交流;

(6)心理健康,具有良好的心理素质和应急反应能力;

(7)具有中专及以上学历;

(8)无酗酒、赌博等不良嗜好,无吸毒等违法犯罪记录;

(9)遵章守纪,服从指挥,能严格按照相关规章制度要求行车。

2. 理论知识要求

列车驾驶员的理论知识要求如表6-1所示。

表6-1 列车驾驶员的理论知识要求

序号	类别	项目	要求
1	基础知识	电子、电工和机械、计算机基础知识	了解电子电路、电力电子、电气线路和机车机械结构、钳工、计量、仪器仪表等基础知识,掌握计算机基本理论和操作
		安全基础知识	了解用电安全、消防安全、行车安全和机械结构安全、车辆系统安全等基础知识; 了解轨道交通其他辅助系统的基本安全常识
		相关法律法规知识	了解安全生产法、劳动安全法和突发事件应对法等国家相关法律法规、部门规章、规范性文件及地方性法规和规章
		轨道交通基础知识	掌握城市轨道交通系统原理; 了解通信信号、车辆、供电、轨道线路等设施设备基础知识

续表

序号	类别	项目	要求
2	专业知识	行车知识	掌握行车组织规则和作业标准； 了解行车线路线网架构、线网密度、线网规模、车站站位、客流换乘路线等的基础知识和各级应急预案
		乘务管理知识	掌握乘务计划、运作及日志相关知识
		车辆知识	掌握车辆结构、组成和功能； 掌握车辆车钩缓冲装置、门系统、制动系统、空气管路系统、转向架、典型电器等基础知识； 掌握简单故障处理方法
		通信信号知识	掌握机车通信系统、信号系统的功能及使用； 掌握简单故障的判别方法及故障处理流程
		供电轨道电路和站台门知识	掌握与行车相关的供电系统、轨道线路和站台门的基本功能； 了解供电系统、轨道线路的组成； 掌握站台门的类型及操作
		乘客服务知识	掌握列车广播的使用，以及突发事件处理等基本知识
		车辆基地作业知识	掌握车辆基地行车规则及作业标准
3	运营单位要求	行车组织知识	掌握行车组织办法
		运营单位安全规章制度	掌握运营单位安全管理相关规定和应急预案
		设施设备情况	掌握线路特征及线路附属设备布局； 掌握车辆基地线路及线路附属设备布局； 掌握站台门布局

3. 岗位技能要求

列车驾驶员的岗位技能要求如表 6-2 所示。

表 6-2　列车驾驶员的岗位技能要求

序号	类别	项目	要求
1	基本技能	出退勤作业	掌握出退勤作业的流程及内容,正确完成出退勤作业
		列车整备作业	掌握一次出乘准备、列车动静态检查等作业内容,正确完成列车整备作业
		列车出、入场作业	掌握列车出、入场作业流程,正确完成列车出、入场作业
		正线驾驶作业	掌握不同驾驶模式的列车操纵、折返作业、列车客室车门/站台门开关作业、交接班作业、线路限速、进出站作业的驾驶要求,正确完成正线驾驶作业
		车辆基地作业	掌握列车洗车、调车、试车线作业流程,正确完成车辆基地作业
		调度命令执行作业	掌握行车标准用语,正确完成调度命令的接收、复诵、执行和交接作业
		列车设备基本操作	掌握列车客室车门、站台门、列车广播、人机界面、车载空调和照明等操作方法,正确完成列车设备的基本操作
		正线配合调试作业	掌握正线调试的作业流程和安全关键点,正确完成正线配合调试作业
2	专业技能	非正常情况下的行车作业	掌握突发事件、设备故障和恶劣天气条件下的行车要求,正确完成非正常情况下的行车作业
		列车故障应急处理作业	掌握列车制动故障、列车客室车门故障、牵引故障、通信信号故障等常见故障诊断和应急操作方法,正确完成相关应急操作
		列车故障救援作业	掌握列车故障救援程序,正确完成故障车/救援车的准备、连挂和运行作业
		乘客应急疏散作业	掌握乘客应急疏散预案,正确完成各种情况下的乘客应急疏散作业

4. 上岗要求

(1)列车驾驶员上岗前应符合下列要求:
a. 接受不少于 300 学时的理论知识培训和不少于 2 个月的岗位技能培训;
b. 通过理论知识考试和岗位技能考试;
c. 在经验丰富的列车驾驶员指导和监督下驾驶,里程不少于 5000 km。
(2)列车驾驶员离开驾驶岗位连续 6 个月以上者,应重新经过考试,合格后方可继续上岗。

5. 列车司机服务要求

（1）保持良好的精神状态，不在酒后和用药后工作；按照规定穿制服并检查相关行车备品，认真阅读相关文件。

（2）在列车出库运行前，检查列车的外观、走行部（指列车在牵引动力作用下沿线路运行的部分）、司机室和客室，确保列车能正常运行；在列车出站前，观察列车周围是否有异常情况。

（3）在列车行驶过程中保持正确的坐姿，目光向前。

（4）驾驶作业严格按照操作规程相关要求执行。遵守列车司机守则，专心驾驶列车，不接打私人电话。

（5）留意轨道和车厢状况，当发现乘客有不当行为时，及时通过广播进行劝阻。

（6）及时发现潜在危险并上报有关部门进行处理。

（7）广播时语言规范、吐字清楚、音量适中。

（8）当乘客寻求帮助时，应妥善处理。

（9）在作业时间允许的情况下，回答乘客问询。

（10）注意广播监听，错放时及时更正。

（11）勤检查自己的仪容仪表，确保在任何时候都能保持干净、整洁的个人形象。

案 例

劳模精神——地铁司机王宏江

2021年5月2日凌晨4时，王宏江换上制服，在镜子前整理好着装，依次完成酒精测试、出勤签字等，再把当日的行车计划和特殊行车指引写到列车司机的手账上。随后，他走到车前规定位置，仔细检查列车的外部设备，再走进驾驶室，对车内操作设备进行检查，确保列车以高质量状态投入运营。每到一站，王宏江都要在列车进站到离站之间的几十秒内检查18种信号灯设备。他说："到站时，我要确保列车车门和屏蔽门全部打开，待乘客顺利下车、上车后，我会站在站台确认车门、屏蔽门全部关闭，没有夹到任何东西，缝隙没有异物。"十年如一日，王宏江每一次工作都认认真真，尽职尽责，做到"口呼、眼到、心到"。

王宏江不仅拥有精湛的驾驶技术，还拥有过硬的心理素质和及时正确处理突发状况的能力。2015年7月的一天，王宏江在驾驶列车时发现轨道上有不明异物，他定睛一看，初步确认是风筝侵入行车限界，经验丰富的他果断采取措施，紧急刹车，同时通过列车广播安抚乘客。接着，他迅速联系行车调度员，向其详细汇报情况并派人及时清理了风筝。从发现异物、进行汇报、应急处理到列车恢复正常运行，总共不到2分钟时间。从业12年以来，王宏江累计安全驾驶近37.5万千米，连续12年客车司机累计运营里程排名第一、累计安全公里排名第一。2020年，王宏江获得了"北京市劳动模范"的荣誉称号。

（资料来源：搜狐网，https://www.sohu.com/a/464360825_163278）

三、列车司机对常见问题与紧急情况的处理措施

列车司机在工作中的一言一行都代表着城市轨道交通运营企业的形象,也是其个人职业素养的体现。列车司机不仅应具备处理行车作业中可能出现的各种问题的能力,还应在与乘客交流的过程中,遵循相应的服务礼仪,给乘客留下一个良好的印象。

下面介绍列车司机对常见问题与紧急情况的处理措施。

1. 列车折返作业

在列车折返作业中,列车司机经过站台偶遇乘客,若乘客向其询问问题,要礼貌地将乘客引导至站台服务人员处,以免延误接车时机,常用服务语言为:"您好,这个问题请您咨询站台服务人员,谢谢。"如果站台服务人员不在岗位上,列车司机可告知乘客:"您好,我马上通知站台服务人员为您解答,请您稍等。"然后通过对讲机呼叫站台服务人员。面对乘客提出的问题,列车司机不可直接回答"不知道"或"这不归我管",以免给乘客留下不好的印象。

2. 乘客拍打驾驶室门窗

在驾驶过程中,如果乘客拍打驾驶室门窗,列车司机不要直接打开驾驶室门窗,也不要与乘客隔着门窗对话,而应通过监控观察车厢内的情况,并使用广播询问情况。在了解情况后,通知控制中心在下一站进行处理,并通过广播安抚乘客:"乘客您好,我是本次列车司机,已经将您的情况上报控制中心,因列车正在行驶中,到站后会有工作人员帮您处理,请您稍候,谢谢配合。"

3. 车厢内有人在打架斗殴

当从监控中发现车厢内有人在打架斗殴时,列车司机要及时通过广播劝阻乘客:"乘客您好,列车正在行驶中,为了您和他人的安全,请您不要在车厢内打架斗殴,谢谢您的合作。"之后,继续通过监控观察车厢内的情况,如有需要,通知控制中心安排人员在下一站进行处理。切忌让事态继续扩大,使其他乘客恐慌或造成人员伤亡。

4. 发现车厢内有人乞讨

利用广播进行宣传引导,如果乞讨者严重干扰了车内秩序或影响到乘客,司机可以通知运营控制中心安排车站工作人员在下一站进行处理。

5. 乘客被车门夹住

(1)乘客未被夹伤,要求有个说法。

要耐心认真听乘客叙述事情经过,并进行分析:如因乘客抢上抢下被夹,应向其说明有关注意事项,希望乘客今后乘坐地铁应提前做好上下车准备,避免再出现此类现象;确因地铁原因造成乘客被夹,应向其表示歉意。

(2)乘客被夹伤,要求去看病。

安慰被夹伤的乘客,并向乘客讲明自己正在当班,不能擅自离岗,通知值班员/值班站长处理。若因地铁原因造成乘客被夹伤,通知安全监察部,按地铁有关规定处理。

6. 紧急装置被启动

地铁车厢内安装着紧急通话装置和紧急解锁装置,它们分别安装在车门的左右两侧,如图 6-2 所示。列车在行驶过程中,如果发生乘客晕倒、乘客呼吸困难等紧急情况,列车司机要立即上报控制中心,由其通知下一站安排好急救人员、做好应急准备工作并联系急救中心。

(a)紧急通话装置　　　(b)紧急解锁装置

图 6-2　紧急装置

1)紧急通话装置被启动

车厢内发生突发情况,乘客在不知道如何解决的情况下,可以启动紧急通话装置通知列车司机来解决。乘客启动紧急通话装置后,列车司机要先表明身份并礼貌地询问乘客需要什么帮助:"您好,我是本次列车的司机,请问需要什么帮助吗?"通过询问,列车司机要了解突发情况,如发生了什么事情,具体在什么位置,事情的严重性,是否可以到下站进行处理等。然后安抚乘客:"您好,我已清楚您的情况并上报了控制中心,列车进站后将有工作人员帮您处理,请您稍候。"

2)紧急解锁装置被启动

紧急解锁装置一般在需要救人、逃生疏散时才能使用。撕开圆形红色标签,打开装置,按指示顺时针转动,即可启动紧急解锁装置。启动紧急解锁装置后,如果列车在站台,车门就会完全打开;如果在运行中,列车就会紧急制动并慢慢停止行驶,车门也会打开一道缝隙。

乘客启动紧急解锁装置后,列车司机应离开驾驶室,带上钥匙、对讲机,必要时带上手机,到相应车厢礼貌地询问乘客解锁车门的原因,如:"您好,请问是哪位乘客解锁车门?""您因为什么解锁车门?"询问清楚解锁原因后,安抚乘客,如:"您好,请不用担心,我马上联系车站工作人员。您到站后,会有工作人员协助您处理,请您稍等。"同时,列车司机还要耐心地询问周围乘客是否有人跳下轨道,确认乘客安全后,提醒乘客:"为了您和他人的安全,请勿随意启动紧急解锁装置,必要时可通过紧急通话装置联系我,我帮您解决。"最后锁好车门并迅速回到驾驶室启动列车。

案 例

案例1:某日,地铁上一名1岁左右的男孩因发高烧而突发昏厥。情急之下,有乘客启动紧急解锁装置,列车还未进站就停了下来。列车司机赶来了解情况后,严厉斥责了该乘客:"不要随意启动紧急解锁装置,必要时可通过紧急通话装置联系我。您这样做不仅没办法帮助这名男孩,还延误了列车进站时间。"

案例2:某日,地铁上一位中年男子突然倒地,浑身抽搐。这时,一位乘客启动紧急通话装置,告诉列车司机车厢内有一位乘客倒地抽搐,希望能够尽快得到救治。列车司机赶忙与控制中心取得联系,告知列车下一站将到达××站。控制中心立即通知了××站的工作人员准备接应并联系急救中心。当列车到站时,工作人员和救护人员也及时赶到,将该男子送往医院。经过救治,该男子恢复了意识并脱离了生命危险。

讨论:以上两种情况中,列车司机的做法是否妥当?为什么?

7. 列车发生故障

当列车在行驶中发生故障,需要临时停车时,列车司机要及时通过广播安抚乘客:"各位乘客您好,列车发生故障,目前正在加紧抢修,预计××分钟后可以恢复行车。不便之处,敬请谅解。"

当列车到站后发生故障,需要中止服务时,列车司机要向乘客说明情况并道歉:"各位乘客您好,由于设备故障,本次列车将中止服务,请全体乘客下车,给您带来不便,我们深表歉意。"

当列车在行驶中突然出现险情时,列车司机要及时停车,通过广播安抚乘客并指引乘客下车。若列车停靠在站台,列车司机应尽快打开车门疏散乘客,常用的广播用语为:"各位乘客请注意,由于列车发生险情,需要进行紧急疏散,请您不要惊慌,从打开的车门有序地离开车厢。"若列车停在隧道,列车司机要把列车两端的逃生门打开疏散乘客(见图6-3),常用的广播用语为:"各位乘客请注意,由于列车发生险情,需要进行紧急疏散,请您不要惊慌,听从工作人员的安排,从列车两端的逃生门有序离开,并步行前往车站,注意安全。"

当列车上发生异常情况时,列车司机需要及时通过广播进行播报,以防事态扩大并引起次生事故。除极个别威胁到乘客安全的情况外,列车司机应尽可能将列车开至站台,在站台进行处理。

图 6-3 打开逃生门疏散乘客

四、列车广播服务

列车司机是列车信息发布的执行者,负责在事件过程中向列车乘客发布信息,接收运营控制中心(OCC)信息,并向 OCC 通报事件信息及有关操作。主要发布信息类别:行车信息、安全信息。

1. 列车广播发布规范

(1)列车广播由司机操作,严禁非司乘人员操作。
(2)广播必须根据实际需要选择适当的播放时机,准确地播放内容。
(3)广播音量和每条信息之间的播放间隔要适中。
(4)广播内容要按照规定的区域和次数来播放。
(5)在有自动广播内容的情形下,严禁用人工广播。
(6)若自动广播故障,司机应进行人工广播,给予乘客正确指引。进行人工广播时,驾驶室人员不得喧哗、大声说笑。
(7)人工广播时,要使用普通话播放,语调要平稳圆润、音量适中、读音准确、声音清亮。
(8)人工广播禁忌:语气生硬、急促,广播过快,咬字不清。

列车在运行过程中会自动播放一些提示性、指引性的广播语,以提示乘客注意安全,确保乘客顺利到达目的地。

2. 列车启动后

(1)列车在始发站启动后的广播用语为:"欢迎您乘坐地铁××号线列车。本次列车开往××方向,终点站是××站。列车运行前方是××站,请需要下车的乘客提前做好下车准备。"
(2)列车在中间站启动后的广播用语为:"欢迎您乘坐地铁××号线列车。列车运行前方是××站,请需要下车的乘客提前做好下车准备。"

(3)如果下一站是终点站,列车在启动后的广播用语为:"欢迎您乘坐地铁××号线列车。列车运行前方是终点站××站,请提前携带好随身物品准备下车。"

3. 列车行驶中

(1)关于换乘站的提示广播用语为:"各位乘客,××站是换乘站,换乘站客流较大,请您提前换到车门处,文明有序乘车。"

(2)关于让座的提示广播用语为:"各位乘客,尊老爱幼是中华民族的传统美德,乘车时,请您将座位让给老、幼、病、残、孕和有需要的乘客,谢谢您的配合。"

(3)关于保持车厢卫生的提示广播用语为:"各位乘客,乘车时,请不要吸烟、吐痰、乱扔废弃物,谢谢您的配合。"

(4)关于倚靠车门的提示广播用语为:"各位乘客,乘车时,请不要倚靠或手扶车门,谢谢您的配合。"

(5)关于列车越站的提示广播用语为:"各位乘客请注意,由于列车调整,本次列车将在通过××站时不停车,请勿擅自打开车门,不便之处,敬请谅解。"

4. 列车进站时

(1)列车即将进入中间站时的广播用语为:"××站到了,请您携带好随身物品有序下车。"

(2)列车即将到达终点站的广播用语为:"××站到了,请您携带好随身物品有序下车。感谢您选择××地铁出行,欢迎您再次乘坐地铁××号线列车,再见。"

(3)列车收班的广播用语为:"各位乘客请注意,今天的列车服务已经结束,车站即将关闭,请您尽快出站。感谢您乘坐轨道交通列车,欢迎您下次光临。"

5. 应急广播

当列车发生故障时,应立即启动以下广播信息发布操作程序。

行车故障是指发生供电、信号、列车、轨道等影响行车的设备故障。OCC在事件发生10分钟后,必须提供事件的故障原因和预计恢复运营时间,当OCC提供详细信息后,不论是否到10分钟,都必须采用10分钟后的信息发布模式,向乘客提供详细信息。

(1)事件发生超过1分钟,故障列车司机根据实际情况发布故障信息,其他受影响的列车司机、车站人员按OCC提供的信息发布相应故障信息。采用列车自动广播方式,每隔2分钟一次,具体情况及列车广播用语如表6-3所示。

表6-3 当发生行车故障超过1分钟时列车广播

序号	具体情况	广播用语
1	临时停车广播	"尊敬的各位乘客,现在是临时停车,请您稍候,不便之处,敬请原谅。"

续表

序号	具体情况	广播用语
2	列车到站清客广播	"各位乘客请注意,由于设备故障,本次列车将退出服务,全体乘客请下车,对给您带来的不便,我们深表歉意。"
3	限速行车低于25 km/h并超过一个区间广播	"各位乘客请注意,由于设备故障,现在实行限速行车,不便之处,敬请原谅。"
4	不停站通过广播	"各位乘客请注意,由于特殊情况,本次列车将不在下一站停靠,在该站下车的乘客,请选择其他站下车,下车后与工作人员联系,不便之处,敬请原谅。"

(2)事件发生超过10分钟,控制中心应当根据抢修信息向车站传达目前故障信息及维修进度,预计故障维修所需时间,列车司机及车站开始按控制中心提供的信息向乘客发布事件处理信息。采用列车人工广播方式,每隔2分钟一次,具体情况及列车广播用语如表6-4所示。

表6-4 当发生行车故障超过10分钟时列车广播

序号	具体情况	广播用语
1	临时停车持续	"尊敬的各位乘客,供电(信号、列车、轨道)故障正在加紧抢修,预计需××分钟可恢复行车。不便之处,敬请原谅。"
2	列车清客到站广播	"各位乘客请注意,由于供电(信号、列车、轨道)故障,本次列车将退出服务,全体乘客请下车,对给您带来的不便,我们深表歉意。"
3	限速行车低于25 km/h并超过一个区间	"各位乘客请注意,供电(信号、列车、轨道)故障正在加紧抢修,预计需××分钟可恢复正常运营。有急事的乘客,请改乘其他交通工具。不便之处,敬请原谅。"
4	列车发生危险需要紧急疏散	(1)两端疏散: "各位乘客请注意,由于发生险情,请不要惊慌,依照指示进入驾驶室并打开疏散门离开列车,步行前往车站,请注意安全。" (2)列车发生险情需要后端疏散: "各位乘客请注意,由于发生险情,请不要惊慌,依照指示进入列车尾部驾驶室并打开疏散门离开列车,步行前往车站,请注意安全。" (3)列车发生险情需要前端疏散: "各位乘客请注意,由于发生险情,请不要惊慌,依照指示进入列车头部驾驶室并打开疏散门离开列车,步行前往车站,请注意安全。"

任务 2　城市轨道交通列车司机服务礼仪基本要求

任务导入

2016 年 10 月，××市轨道交通 3 号线，一名乘客乘坐城市轨道交通列车，对车厢内有人行乞感到不满，并向司机反映，司机却说"我们没办法处理"，引起乘客的不满和投诉。这是一起因未做到首问负责引起的投诉。乘客反映的情况确实超出了司机的工作范围，但司机应当意识到城市轨道交通工作是一个整体，在乘客眼中，司机也是城市轨道交通企业的职工。司机这样的回答会在乘客心中造成推卸责任的印象，有损于城市轨道交通企业的整体形象。

司机应该怎么做呢？第一，对于乘客对城市轨道交通运营工作的关心，应表示感谢。第二，按照首问负责制要求，告诉乘客会将情况反馈给车站或运营主管部门。在征得乘客同意的情况下，可请乘客留下姓名及联系电话，承诺运营主管部门会将处理情况反馈给乘客。

背景知识

列车司机是城市轨道交通运营的一线工作人员，工作中的一言一行、一举一动都代表着城市轨道交通运营企业的形象。因此，列车司机需要在仪容仪表、着装、行为举止等方面严格要求自己，提升客运服务质量。

一、仪容要求

1. 发型

（1）基本要求：清爽利落、长短适中，不染黑色以外的颜色，不剪怪异发式；女性短发后不过肩，长发的女性需盘成发髻，用发卡或发网别于脑后，不得过肩；男性要剪短发，具体要求为"前不遮眉，后不压领，两鬓不盖耳，不留鬓角"；戴帽子时，应将刘海放入帽子内侧，帽徽应朝正前方，不得歪戴，如图 6-4 所示。

（2）禁忌：头发脏，有明显头皮屑；染黑色以外的颜色；男员工留长发或者理光头，鬓角遮挡耳部；女员工长发遮挡脸部。

2. 面容

（1）基本要求：女性上岗前应化淡妆，涂健康色口红，化适宜的眼妆，保持清洁的仪容；使

图 6-4 发型要求

用香水味道不应刺鼻,要清新淡雅;男性应保持脸面洁净,不得留有胡须;适时保持亲切的笑容。

(2)禁忌:女性化浓妆,使用味道浓烈的香水;男员工留胡须。

3. 口腔

(1)基本要求:保持牙齿、口腔清洁卫生;男性吸烟者需要定期除掉牙齿上的尼古丁痕迹,去除吸烟过多而引起的口腔异味。

(2)禁忌:工作前食用葱、蒜、韭菜等带有刺激性气味的食物,工作时嚼口香糖。

4. 手部

(1)基本要求:保持手部清洁,指甲整齐干净、无污物,长度不超过 1 毫米;女性不允许涂有色指甲油或者在指甲上描图案。

(2)禁忌:指甲过长,涂非透明指甲油或使用装饰品。

5. 配饰

(1)基本要求:可以佩戴的配饰有风格简约的手表、婚戒、一对耳钉(女士);不可戴手链、手镯、脚链及过多饰品;耳环以耳钉为宜,项链以颈链为准,项链应放入制服内。佩戴纯色镜架和无色镜片眼镜;饰品应自然大方,不可过度明显夸张。

(2)禁忌:佩戴有色镜片眼镜;男员工佩戴耳部饰物;佩戴过分张扬的手表。

二、服饰要求

列车司机在工作时间统一穿公司要求的制服,着装时应仪态端庄,精神饱满。

1. 制服

(1)基本要求:工作时间统一穿公司要求的统一服装,及时清洗、保持整洁,领口、袖口要保持整洁干净;衬衫放在裤子里侧,裤袋限放工作证等扁平物品或体积微小的操作工具,避免服装变形;季节更替时,应按规定更换制服,不得擅自替换;制服内有非制服服装时,不得外露;不同季节的制服不能混穿。

(2)禁忌:缺扣、立领;披衣、敞怀;在套装和衬衫的胸袋内放入钱包、硬币等物品;卷袖挽裤;不同季节的制服混穿。

2. 帽子

(1)基本要求:工作期间,应当佩戴制式帽子,需将刘海放入帽子内侧,帽徽应朝正前方,不得歪戴;进入室内时,应当脱帽,立姿可以将帽子用左手托住,夹于左侧腋下,帽徽朝前;坐姿可以将帽子用左手托住,放在左侧膝上,帽徽朝前;驾驶列车时,帽子应放在驾驶台前沿左侧或挂在衣帽钩上,以不影响正常驾驶为宜。

(2)禁忌:歪戴帽子,帽徽不正;帽子有污垢;帽子随意拿在手上。

3. 鞋袜

(1)基本要求:穿着制服时应按规定穿黑色或深色的皮鞋,鞋要经常刷擦,保持干净,鞋带系好,不可拖拉于脚上;黑色皮鞋配深色袜子,不赤足穿鞋;女员工着裙装时,长袜颜色应选择与肌肤相贴近的自然色或暗色系中的浅色丝袜;皮鞋应定期清洁,保持干净光亮。

(2)禁忌:穿极度磨损的鞋或者露脚趾、脚跟的鞋;穿图案过多的袜子和浅色袜子。

4. 服务标识

(1)基本要求:挂绳式工号牌照片和字面应朝向乘客,工号牌绳放在制服外侧;非挂绳式工号牌应佩戴在制服左上侧兜口的正上方位置,工号牌左下角应抵住西服兜口边缘,并与地面保持水平;佩戴党(团)徽时,应将党(团)徽佩戴于工号牌中上方。

(2)禁忌:胸牌上有饰物;胸牌有破损;党(团)徽佩戴位置不正确。

5. 其他配饰

(1)基本要求:按照各地铁运营公司规定佩戴帽徽、领带、肩章、臂章、胸牌;领带和领结佩戴前应系好衣领扣,保持领带和领结的平整。

(2)禁忌:佩戴与工作岗位不符的肩章、袖标等;帽徽、领带、肩章、臂章歪斜。

6. 国内典型地铁列车司机制服展示

我国部分城市列车司机服饰展示如表 6-5 所示。

表 6-5 列车司机制服展示

序号	地铁公司	列车司机制服
1	青岛地铁集团有限公司	

续表

序号	地铁公司	列车司机制服
2	武汉地铁集团有限公司	
3	长沙市轨道交通集团有限公司	
4	西安市轨道交通集团有限公司	
5	南昌轨道交通集团有限公司	

三、行为举止要求

1. 站姿

(1)基本要求:上身正直,头正目平,双肩平齐。女性司机站立时,挺胸收腹,头正目平,双肩平齐,双脚成"V"字形或"丁"字形,双手相握叠放于腹前或双手下垂放于裤缝边;男性司机站立时,挺胸收腹,头正目平,双肩平齐,两脚分开与肩同宽,双手下垂放于裤缝边或叠放于腹前或放在背后。

(2)禁忌:站立时双手抱胸、叉腰、插兜、倚靠,在乘客面前背手、抄手、搔痒、勾肩搭背。

2. 坐姿

(1)基本要求:上身自然挺直,目视前方,两腿自然弯曲(见图6-5)。

图 6-5　列车司机坐姿

(2)禁忌:跷腿、抖腿、叉腿、双腿直伸、托腮、趴伏、假睡及头部仰靠椅背。

3. 行姿

(1)基本要求:昂首挺胸,双目平视前方,双肩水平,两臂自然摆动,步幅适中,步频稳定;列队上岗时步调一致,整齐有序;到达接班岗位时,自行退出队列,规范交接;两人成行,三人成列;在行进过程中应主动避让乘客,不与乘客抢道、并行;携带工具、器械等行走时,不得在地面拖拉。标准行姿如图6-6所示。

图 6-6　标准行姿

(2)禁忌:行走时左顾右盼,摇晃肩膀,低头看地,勾肩搭背。

4. 手势

(1)基本要求:为乘客指引时,手掌稍微倾斜,掌心向上,五指并拢,以肘为轴,前臂自然上抬伸直,用手掌指路,指示方向时,应目视目标方向。手指呼唤时,食指、中指并拢指向相应设备,并呼唤相应指令。

(2)禁忌：五指分开；用手指指点乘客。

5. 目光

(1)基本要求：与乘客交谈或传递物品时，应坦然亲切，双眼正视乘客；与乘客视线接触时，应点头微笑表示尊敬；乘客叙述时，应面向乘客，耐心倾听，并适度点头回应，以示尊敬，不可眼神不动，摇头不语。

(2)禁忌：俯视乘客，目光注视乘客时，总是盯着一个部位，或者上下打量乘客。

四、纪律要求

1. 上班前

(1)出勤前必须充分休息，班前 8 小时严禁饮酒，身体状况必须符合工作要求。
(2)按规定穿戴制服与标识。
(3)检查相关行车备品，抄录有关行车、安全注意事项。

2. 列车启动前

(1)对列车进行专业检查。在停车库内，司机上车前，应对列车车底及两侧进行检查，以防止人员及设备侵入限界。如司机室挂有"禁动牌"时，严禁启动列车，并向运转值班员报告。

(2)对列车进行动态试验、升弓试验、制动试验及可能影响其他作业人员安全的试验时，确认列车上下、左右、前后的状况，确保安全。

(3)加强自我保护和自我防范措施，防止发生工伤事故。司机在车库内进行作业时必须禁止下列行为：

①跳越地沟；
②紧靠运动中的车辆行走；
③横跨线路时从停留的车辆下部钻越或从电客车顶部翻越；
④在运动的车辆前抢越；
⑤飞乘、飞降以及未抓稳、扶牢即上车和下车；
⑥横越线路和行走时脚踏道岔尖轨与道岔转动部分。

3. 列车运行过程中

(1)坐姿正确，目光要向前。
(2)遵守司机守则，专注驾驶列车，不准接打私人电话。
(3)司机在执行手指、呼唤时，必须做到"眼到、手到、口到、心到"。呼唤时，应使用普通话，做到声音清晰、洪亮；手指时，手心应垂直于地面。
(4)经常留意路轨和车厢内发生的事情，当乘客有不当行为时，要进行广播劝阻，必要时，应及时上报，以免骚扰或危害到其他乘客。

(5)列车在行驶过程中,若发生列车故障且确定无法恢复列车正常运行状态时,司机应及时请求救援,并通过车载广播安抚乘客。

(6)列车在运行中发生人员伤亡或者运行线路有人员伤亡时,司机必须立刻停车并向行调报告情况。在处理过程中,用广播安抚乘客,并找到两名乘客作为目击证人。

(7)列车在运行过程中发生恶性事故(地震、水灾、火灾)时,司机应立即报告行调,在行调的指挥下组织乘客自救与疏散,最大限度地防止事故的扩大与升级。

4. 交接班

列车在运行途中交接班时,必须交接清楚电客车的运行技术状态,并填写在驾驶员报单上,内容包括制动性能、故障情况、线路情况、调令接受情况以及其他必须交接的情况。交接双方必须注意交接工具包的姿势。

5. 下班后

(1)电客车在进库停妥后,驾驶员要全面巡检电客车,并且按规定"收车"。

(2)回库退勤时要注意以下事项:

①驾驶员要将电客车运行中发生的技术异常情况、安全异常情况向运转值班员汇报,并将驾驶员报单、电客车钥匙交运转值班员存放;

②在运行中发生事故或电客车晚点 10 min 以上时,驾驶员应写出书面材料或说明,交运转值班室值班员;

③在正线运行的途中退勤时,驾驶员还必须向接班驾驶员明确该电客车的技术状态、运行状态以及其他有必要交接的项目和内容;

④电客车在运行过程中发生有关运行事件、行车事故等,有关安全职能部门、行车运转管理部门认为有必要令其退勤时,驾驶员应按规定立即退勤,到规定处所报到,配合有关部门做好事件(事故)的分析、调查、处理工作。

6. 司机工作禁令

(1)严禁在接受口头命令时,未按规定进行复诵。
(2)严禁擅自改变列车运行方式。
(3)严禁人车冲突后未确认人员状况时,再次动车。
(4)严禁在挤岔后未经专业人员确认时,再次动车。
(5)严禁在列车压警冲标、冒进信号时未及时报告行车调度员。
(6)严禁夹人夹物动车或车门未关闭且未采取有效措施时动车。
(7)严禁擅自通过按规定应停车的车站或在规定应通过的车站停车。
(8)严禁在非涉及行车事宜时,使用手机。
(9)严禁在运营线路抛弃杂物。

7. 司机请假规定

除遇特殊情况外,司机因事需要请假者,应提前 3 天向班组长请假并办理请假手续;因病需要请假者,应提前1天向班组长请假并办理请假手续;未经批准不得擅自休假,遇急病或特殊情况,应提前1 h向班组长请假。

> **拓展阅读**
>
> **南京地铁关于肩章的规定**
>
> 地铁运营企业均实行半军事化管理,因此各运营公司对其生产岗位的配饰有严格的规定。南京地铁也不例外,具体规定如下:
>
> 1. 凡是需配发肩章的一线生产岗位,依据其岗位级别,佩戴相应款式的肩章。
> (1)值班站长、行车调度员、客运调度员、电力调度员、环控调度员、(车辆段)信号楼调度、司机长,这些岗位佩戴的肩章式样皆为"一花三杠";
> (2)行车值班员、客运值班员、电力列车司机,这些岗位佩戴的肩章式样为"一花两杠";
> (3)售检票员佩戴的肩章式样为"一花一杠"。
> 2. 凡是需要配发肩章的二线生产岗位,不论其岗位级别高低,一律佩戴绣有一朵"地铁梅花"的肩章。
> 二线生产岗位特指:票卡组工长、收益审核组工长、车票配收员、编码/分拣员、车票处理员、统计分析员、收益审核员、结算员、中央监控员、控制中心办事员、站务中心办事员、乘务中心办事员、票务中心办事员、服务热线接线员。
> 佩戴肩章的管理岗位有:区域站长和OCC控制中心的值班主任。肩章式样为"一花四杠"。
> 3. 除以上公布的岗位外,其他生产岗位不配发肩章。这里的"花"是指"地铁梅花","杠"是银白色的直杠。

任务3　城市轨道交通维修人员服务礼仪

任务导入

地铁风驰电掣般穿梭在城市中,为了保证地铁安全、平稳地运行,有一群人不管白天黑夜,认真检视着地铁列车的每一个零部件,他们就是地铁维修人员。夜色深沉,喧嚣了一天的地铁站恢复了宁静,而地铁维修人员则进入了最忙碌的时段。小朱就是一名地铁维修人员,他主要负责对地铁进行检查和维护,保证列车正常、安全行驶。

小朱说,进行地铁检查需要认真、细心,不能错过任何一个细节。以检查轨道为例,轨道上一般有两种颜色的灯引导列车出入库:白色为正常通过,红色为禁止通过。一天早上,头班列车准备发车时,轨道上的红灯亮起。当时情况非常紧急,如果处理不及时,不仅会严重影响列车正常发车,还会影响早高峰时段的通行状况,进而影响几千人的出行。小朱和几名同事一起在轨道上细致地排查,在短时间内就发现了一颗鹅蛋大小的石头卡在两条轨道之间。

地铁维修是一份非常辛苦的工作。小朱说,出于安全考虑,他们工作时必须穿工作服、戴安全帽、防护手套和口罩,穿厚厚的绝缘鞋。天热时就会大量出汗,工作完后,整个人就像从水里捞出来的一样。即使这样,为了乘客出行安全,大家每天都坚持认真完成维修工作。

思考:地铁维修人员应具备什么样的品质?

背景知识

安全是城市轨道交通运营中不可忽视的问题,也是乘客的基本需求。车站维修人员(见图 6-7)作为城市轨道交通的"医生",其首要任务是确保城市轨道交通设备和车辆安全、平稳地运行。车站维修人员在对设备、车辆进行检测、维修时,不可避免地会遇到乘客,因此,维修人员在工作中也要注意自己的服务礼仪。

图 6-7　车站维修人员

一、车站维修人员的服务要求

车站维修人员主要负责设备、车辆等的日常维护保养、计划性维修、故障维修和紧急状态下的抢修及综合管理,使设备和车辆保持良好的运行状态。车站维修人员在工作时应遵循以下要求:

(1)在维修过程中,以乘客的安全为前提,尽可能缩小工作范围,避免影响乘客安全、顺利出行及其他设备的正常运行,必要时可设置围栏(见图 6-8)。

(2)在故障设备旁边放置"设备故障"警示牌,谨防乘客使用故障设备。

(3)在搬运设备的过程中,避免在地面上拖拉设备;如果遇到乘客,要先让乘客通行。

(4)维修完成后,及时清理杂物,保持车站清洁。

(5)在与乘客交流时,注意仪态礼仪和沟通礼仪。

图 6-8 围栏

二、车站维修人员对常见问题的处理措施

车站维修人员在服务过程中遇到下述状况时的处理措施如下：

(1) 在维修过程中遇到乘客询问问题时，车站维修人员要礼貌、耐心地回答；车站维修人员如果不清楚，则应指引乘客到相应的地点询问。切忌对乘客爱答不理。

(2) 如果乘客试图通过故障区，车站维修人员要及时制止乘客，并礼貌地向乘客解释："您好，这里属于故障区，为了您的安全，请您绕行。"

(3) 如果乘客要使用故障设备，车站维修人员要及时提醒乘客："您好，该设备现处于维修状态，请您使用其他设备。"

(4) 如果在维修过程中遇到突发事件（如乘客在乘坐自动扶梯时摔倒），车站维修人员要主动上前了解情况，尽量为其提供帮助，并及时通知车站安排其他人员进行处理。

> **案 例**
>
> 一位乘客下车后，向站台上正在维修电梯的维修人员反映车厢内有垃圾，需要清理。这名维修人员却冷漠地说："我没办法，而且这不关我的事。"这使得该乘客非常不满，随即向车站投诉该维修人员服务态度恶劣。
>
> 讨论：如果你是这名维修人员，你会怎么做？

地铁维修人员担负着保障地铁正常、安全运营的责任，如果地铁维修人员工作马虎，哪怕是一个小细节没注意到，都有可能使列车出现事故。因此，地铁维修人员必须具备严谨的工作态度、精益求精的工作作风和较强的责任心。

此外，地铁维修是一项非常辛苦的工作。要想成为一名优秀的地铁维修人员，就必须要有吃苦耐劳的品质。

思考与练习

1. 简述城市轨道交通列车司机对常见问题与紧急情况的处理措施。

2. 简述城市轨道交通车站维修人员的服务要求。
3. 简述城市轨道交通列车司机发型要求。
4. 简述城市轨道交通列车司机面容要求。
5. 简述城市轨道交通列车司机配饰要求。
6. 简述城市轨道交通列车司机在车库内进行作业时必须禁止的行为。
7. 简述城市轨道交通列车司机人工广播禁忌。
8. 简述城市轨道交通列车司机的岗位职责。
9. 简述城市轨道交通列车司机的工作要求。
10. 简述城市轨道交通列车广播的发布规范。
11. 如果你是列车司机,在驾驶过程中发现有乘客在车厢内发小广告,你如何处理?
12. 如果你是列车司机,列车因供电故障停在隧道中,车厢内乘客开始发牢骚,情绪越来越不稳定,你如何处理?

实训工单 6.1　列车紧急装置使用实训

专业		班级	
实训类别	□个人实训	姓名	
	□小组实训	小组成员	

一、实训目标

能使用列车紧急通话装置和紧急解锁装置。

二、实训所需基础知识

1. 紧急通话装置的启动方法；
2. 紧急解锁装置的启动方法；
3. 以上两种紧急装置启动后,司机的正确处置方法。

三、实训要求

以小组为单位,分角色进行演练：

1. 模拟乘客启动紧急通话装置,司机进行合理应对；
2. 模拟乘客启动紧急解锁装置,司机进行合理应对。

四、评分标准

序号	项目	标准	得分	备注
1	紧急通话装置	乘客操作时机正确,操作规范；司机处置合理(40分)		
2	紧急解锁装置	乘客操作时机正确,操作规范；司机处置合理(40分)		
3	整体演练效果	演练严肃,时间安排紧凑(20分)		
		总分		

实训工单 6.2　司机处理车厢乘客突发事件实训

专业		班级	
实训类别	□个人实训	姓名	
	□小组实训	小组成员	

一、实训目标

提高司机处理车厢乘客突发事件的能力。

二、实训所需基础知识

1. 司机岗位服务要求；

2. 司机对常见突发情况的处理。

三、实训要求

以下面给出的情景为蓝本，进行模拟演练；4人一组，一人扮演乘客，另一人扮演列车司机小刘，根据以下对话(也可自行设计对话)进行情景模拟，另外两人进行点评。组内成员可互换角色进行模拟。

情景：

小刘是一名地铁列车司机。某日，小刘在驾驶列车时，收到车厢内一位乘客的紧急呼叫。与乘客沟通之后，小刘了解到该乘客的妻子是一名孕妇，该孕妇在车厢内突然晕倒了，需要及时救助。由于列车还有2 min左右才能进站，小刘先安抚乘客并立即上报控制中心，控制中心通知下一站尽快做好接应工作并联系急救中心。

以下是乘客和小刘的对话。

(乘客启动了紧急通话装置。)

小刘：您好，我是本次列车的司机，请问需要什么帮助吗？

乘客：您好，我妻子是一名孕妇，她在车厢内突然晕倒，需要救助。

小刘：您先别着急，我立刻上报控制中心。

乘客：好的。

(小刘上报了控制中心，控制中心立即通知了下一站的工作人员联系急救中心，安排急救人员，做好应急准备。)

小刘：您好，我已上报控制中心，列车即将到站，到站后会有工作人员接应，请您稍候。

乘客：好的，谢谢您！

小刘：不客气。

(列车到站后，工作人员已在屏蔽门外等候。随后，该乘客和工作人员将孕妇扶下了列车，工作人员安排她在候车椅上休息。急救人员及时赶到后，对该孕妇进行了救治。)

续表

四、评分标准

序号	项目	标准	得分	备注
1	剧本情景	情景演练剧情合理(25分)		
2	专业处置	司机应急处置正确、专业(25分)		
3	演出效果	小组成员演出认真、无笑场(25分)		
4	点评效果	小组内点评合理、具有启发性(25分)		
		总分		

实训工单 6.3　司机仪容仪表实训 1

专业			班级	
实训类别	□个人实训		姓名	
	□小组实训		小组成员	

一、实训目标

保持良好的列车司机仪表。

二、实训所需基础知识

司机制服穿着的要求。

三、实训要求

对每个学生进行司机上岗前仪表检查,促进其气质形象的提升。

四、评分标准

序号	项目	标准	得分	备注
1	制服(20分)	1. 工作时间内,制服与便服不能混穿,不同季节的制服不能混穿,制服内有非制服服装时,不得外露; 2. 男性衬衫下摆应束于裤腰内,皮带外露时,带扣要端正,松紧适宜; 3. 裤袋限放工作证等扁平物品或体积微小的操作工具,避免服装变形; 4. 季节更替时,应按规定更换制服,不得擅自替换		
2	帽子佩戴(20分)	1. 工作期间,应当佩戴制式帽子,需将刘海放入帽子内侧,帽徽应朝正前方,不得歪戴; 2. 进入室内时,应当脱帽,立姿可以将帽子用左手托住,夹于左侧腋下,帽徽朝前;坐姿可以将帽子用左手托住,放在左侧膝上,帽徽朝前; 3. 驾驶列车时,帽子应放在驾驶台前沿左侧或挂在衣帽钩上,以不影响正常驾驶为宜		
3	鞋袜(20分)	1. 穿着制服时应按规定穿黑色或深色的皮鞋,鞋面保持干净,黑色皮鞋配深色袜子; 2. 皮鞋应定期清洁,保持干净光亮		
4	工号牌(20分)	1. 挂绳式工号牌照片和字面应朝向乘客,工号牌绳放在制服外侧; 2. 非挂绳式工号牌应佩戴在制服左上侧兜口的正上方位置,工号牌左下角应抵住西服兜口边缘,并与地面保持水平; 3. 佩戴党(团)徽时,应将党(团)徽佩戴于工号牌中上方		

续表

序号	项目	标准	得分	备注
5	其他配饰 （20分）	1. 按照各地铁运营公司规定佩戴帽徽、领带、肩章、臂章、胸牌； 2. 领带和领结佩戴前应系好衣领扣，保持领带和领结的平整		
		总分		

实训工单 6.4　司机仪容仪表实训 2

专业			班级	
实训类别	□个人实训		姓名	
	□小组实训		小组成员	

一、实训目标

保持良好的列车司机仪表。

二、实训所需基础知识

司机仪容仪表的要求,包括发型、面容、口腔等要求。

三、实训要求

对每个学生进行司机上岗前仪容检查,促进其气质形象的提升。

四、评分标准

序号	项目	标准	得分	备注
1	发型(20分)	1.整齐利落、清洁清爽。 2.长发的女性需盘成发髻,用发卡或发网别于脑后,不得过肩,短发女性需将鬓角头发用发卡别于耳后;男性两侧鬓角不超过耳垂底部,前面不遮盖眼睛,后面不超过衬衣领底边		
2	面容(20分)	1.女性上岗应着淡妆,保持清洁的仪容,避免使用味道浓烈的化妆品; 2.男性应保持脸面洁净,不可留胡须; 3.适时保持亲切的笑容		
3	口腔(20分)	1.保持牙齿、口腔清洁; 2.定期除掉牙齿上的尼古丁痕迹; 3.去除吸烟过多而引起的口腔异味		
4	指甲(20分)	1.保持手和指甲清洁、无污垢; 2.不得涂彩色的指甲油		
5	配饰(20分)	1.可以佩戴的配饰有:风格简约的手表、婚戒(戒指不可过宽)、一对耳钉(女士)。 2.佩戴纯色镜架和无色镜片眼镜。 3.饰品应自然大方,不可过度明显夸张		
		总分		

实训工单 6.5　司机行为举止实训

专业		班级	
实训类别	□个人实训	姓名	
	□小组实训	小组成员	

一、实训目标

保持良好的列车司机行为举止,培养严明守纪的职业习惯。

二、实训所需基础知识

1. 司机行为举止要求;
2. 司机纪律要求。

三、实训要求

对每个学生进行司机行为举止及纪律检查。

四、评分标准

序号	项目	标准	得分	备注
1	站姿(10分)	1. 上身挺胸收腹,头正目平,双肩平齐,双手自然下垂或体前轻握,下身应保持双腿直立,脚跟并拢; 2. 女士站立时,双脚成"V"字形或"丁"字形,双手相握叠放于腹前或双手下垂放于裤缝边; 3. 男士站立时,两脚分开与肩同宽,双手下垂放于裤缝边或叠放于腹前或放在背后		
2	坐姿(10分)	1. 上身自然挺直,两臂弯曲放在双膝上; 2. 驾驶室内,目光正视前方,身体挺直,两腿自然弯曲		
3	行姿(10分)	上身正直,挺胸收腹,两肩自然放松,双臂自然摆动,与乘客相遇时,应主动点头示意并侧身避让		
4	手势(10分)	1. 为乘客指引时,手掌稍微倾斜,掌心向上,五指并拢,前臂自然上抬,用手掌指路; 2. 指示方向时,应目视目标方向		
5	目光(10分)	1. 与乘客交谈或传递物品时,应坦然亲切,双眼正视乘客; 2. 与乘客视线接触时,应点头微笑表示尊敬		
6	上班前(10分)	1. 保证充足的休息、良好的精神状态; 2. 不可在酒后和药物影响下工作; 3. 按规定穿着制服并检查相关行车备品,认真阅读相关文件		

续表

序号	项目	标准	得分	备注
7	列车启动前（10分）	对列车进行专业的检查		
8	列车驾驶过程中(20分)	1. 坐姿正确,目光要向前; 2. 遵守司机守则,专注驾驶列车,不准接打私人电话; 3. 经常留意路轨和车厢内发生的事情,当乘客有不当行为时,要进行广播劝阻,必要时,及时上报,以免骚扰或危害到其他乘客; 4. 及时发现任何潜在的危险,并上报有关部门进行处理		
9	换班(10分)	检查自己的仪表,注意提工具包的姿势		
总分				

参 考 文 献

[1] 蔡昱,耿雪. 城市轨道交通客运服务礼仪[M]. 北京:高等教育出版社,2019.
[2] 孙金明,刘繁荣,王春凤. 商务礼仪实务[M]. 2版. 北京:人民邮电出版社,2016.
[3] 梁晓芳,吕佳,郭郑宝. 城市轨道交通服务礼仪[M]. 上海:上海交通大学出版社,2016.
[4] 中国城市轨道交通协会. 城市轨道交通列车司机[M]. 成都:西南交通大学出版社,2018.
[5] 金正昆. 服务礼仪[M]. 北京:北京联合出版公司,2013.
[6] 潘利,李培锁. 城市轨道交通车站客运服务[M]. 北京:人民交通出版社,2017.
[7] 高蓉. 城市轨道交通服务礼仪[M]. 2版. 北京:人民交通出版社,2017.